# 税道经纬

姚轩鸽·著

九州出版社 JIUZHOUPRESS | 全国百佳图书出版单位

**图书在版编目（CIP）数据**

税道经纬 / 姚轩鸽著. -- 北京 ： 九州出版社，
2024. 9. -- ISBN 978-7-5225-3280-6

Ⅰ. F812.2-53

中国国家版本馆CIP数据核字第2024PF6363号

**税道经纬**

| | | |
|---|---|---|
| 作　　者 | 姚轩鸽　著 | |
| 责任编辑 | 李荣　赵晓彤 | |
| 出版发行 | 九州出版社 | |
| 地　　址 | 北京市西城区阜外大街甲 35 号（100037） | |
| 发行电话 | (010) 68992190/3/5/6 | |
| 网　　址 | www.jiuzhoupress.com | |
| 印　　刷 | 鑫艺佳利（天津）印刷有限公司 | |
| 开　　本 | 880 毫米 ×1230 毫米　32 开 | |
| 印　　张 | 7.825 | |
| 字　　数 | 180 千字 | |
| 版　　次 | 2025 年 2 月第 1 版 | |
| 印　　次 | 2025 年 2 月第 1 次印刷 | |
| 书　　号 | ISBN 978-7-5225-3280-6 | |
| 定　　价 | 68.00 元 | |

# 自序：为何说"税收影响社会未来"<sup>※</sup>

写下这个题目，真有几分担忧，怕被人联想到"矛盾"的寓言，以为干啥的就吆喝啥好！但"税收决定未来"判断能否成立，有无道理可言，且容笔者分述如下：

第一，就税收的定义而言。如果按照当前流行的定义，即税收是指"国家为了向社会提供公共产品、满足社会共同需要，按照法律的规定，参与社会产品的分配，强制、无偿取得财政收入的一种规范形式"而言，似乎税收与未来的关系并不紧密，更难说税收可以"决定未来"。特别就流行的税收"强制性、固定性与无偿性"特征而言，做出"税收决定未来"的判断，疑似也有几分牵强。更何况，关于"未来"内涵的确切认知，尚存在歧义和争议。因为"未来"是指"此刻之后的一个时间段"。严格说来，"下一秒"都属于"未来"，而且"未来"作为一个时间概念，是相对于过去和现在的。同时，在税收究竟能决定的是未来的"什么"，以及谁之未来的"什么"等方面，也存在一些认知和理解上的差异。因此，面对"税收决定未来"的命题，至少不应简单地给予"是"或者"不是"的断语，需要仔细推敲和研判。

从笔者对"税收"的认知与界定而言，或有助于对"税收决

---

※　根据拙文《为何说"税收影响社会未来"》改写，原载《深圳特区报》2022年 5 月 31 日。

定未来"的命题给予肯定回答。因为税收是指国民与国家之间就公共产品交换价款缔结、履行原初或衍生"双务契约"之活动。就纳税人而言，税收是指纳税人用以交换政府提供之公共产品和服务的价款或费用；就征税人而言，税收是指政府用以生产和提供公共产品的成本和费用。逻辑上，"税收决定未来"便意味着，现在的税收，或者说当下税制之优劣，会因为"路径依赖"机理，影响和决定此刻之后"税收"之优劣，进而影响和决定此后税收主体纳税人、国民，以及征税人、国家之间关系互动运行之优劣。现在税收越良好越先进，则未来税收便可能越良好越先进，从而有助于税收"基础性、支柱性与保障性"重要职能与作用的充分发挥，增进每个国民利益和福祉的总量，促进国家的持久兴旺和繁荣。反之，当下税收越落后，未来税收便可能越落后，从而消减每个国民利益和福祉的总量，加剧国力的衰亡。

第二，就税收终极目的而言。税收能否决定未来，一方面在于国家能否为国民及时生产和提供"高性价比"的公共产品和服务；另一方面在于国民能否从国家那里交换到合意且高性价比的公共产品与服务。简而言之，即国家征税能否做到"取之于民"，并能"用之于民"，更能"用之于民之所需"。逻辑上，如果二者都能到位，既意味着当前税制处于优良位阶，有助于充分发挥税收的"基础性、支柱性与保障性"重要职能与作用，并通过优质公共产品的供给，主要是指政治、经济、文化、法治与德治等基本制度类公共产品的供给，有效发挥市场经济在组织化财富创获活动中的积极作用，促进文化的繁荣、人际关系的和谐与稳定，政治与经济规则的优化以及生态环境的美好等，最终增进全社会和每个国民利益和福祉的总量，满足每个国民不断增长的"美好生活"需求，积极促进未来社会的繁荣与进步，决定国家的持久兴旺与发达。相反，如果二者都做不到位，或者只是有一个勉强到位，便会因为公共产品的性价比不高，比如价高质劣，从而背离税收终极目的，无法有效发挥税收在国家治理中"基础性、支柱性与保障性"的重要职能与作用，从而消减每个国民的福祉总量，遏制每个国民不断增长的"美好生活"需求之满足，加剧国力的持续衰亡。

第三，就征税人与纳税人关系的本质而言，"税收决定未来"意味着，纳税人主体权利地位的制度性确立与保障是关键。因为征税人与纳税人之间，根本说来，是一种目的与手段的利益交换关系，并非普遍认为的原因与结果的交换关系。事实上，纳税人权利主体地位，即纳税人在征税人—纳税人关系中处于决定、主要和原生地位，征税人则处于被决定、次要和次生地位。或者说，先有纳税人，然后才会有征税人。征税人，乃是纳税人为了主体利益最大化而不得不选择的"必要的恶"之手段。从逻辑上讲，纳税人才是文明税收治理的真正主体，而征税人是为纳税人服务的，是因纳税人而存在的。因此，唯有纳税人主导的税制，才是好的、优良的、文明的税制，才可能积极影响和决定未来税收的优劣，进而决定未来每个国民利益和福祉总量的增进与消减，以及国家的兴旺与发达。相反，如果征税人—纳税人的主客体地位颠倒或错位，就会削减未来全社会和每个国民的利益和福祉总量，加速国力的衰亡。

具体来说，纳税人主导的税制有两个方面。一方面，国家和政府的征税数量，诸如征多少税、向谁的什么征税、在哪个环节征税、如何奖惩等重大涉税权力，是掌握在纳税人手里，是由纳税人最终决定的，客观上有助于全面反映纳税人的真实涉税需求。同时，由于政府的征税方式正当和文明，符合道德原则，纳税人也有发言权或监督权，即征税方式的文明价值基础比较坚实。比如，"未经同意不得征税"，以及"法治、平等、限度"和公正道德原则等，对国家的征税权力具有一定的规训和监督作用。另一方面，纳税人主导的税制还意味着，国家和政府用税数量之多少，也就是公共产品供给数量之多少，以及公共产品性价比之高低、合意性之大小等重大预算权力，也是掌握在纳税人和国民手里的，因此纳税人和国民对国家和政府公共产品生产和供给的质量和数量，便拥有最终的决策权与监督权，有助于税收终极目的的实现，增进全社会和每个国民的利益和福祉总量，促进国运的兴旺和繁荣。相反，如果一个税制是由征税人主导，便会背离税收终极目的，消减当下和未来每个国民的利益和福祉总量，加剧未来国运的衰落趋势和命运。

总之，就税收本质及其功能而言，"税收决定未来"的命题是成立的。正如本杰明·富兰克林所言，"世界上只有两件事情不可避免，税收和死亡"。我们每个人生存于世，基本都已经为社会公共资源的汇聚做出了各自的一份贡献。因此，社会也应该有一份回报的基本义务，自然包括提供完全平等的基本权利——基本公共产品和服务，就好比企业原始股东所享有的基本权利一样。同理，成功者比较多地使用了社会成员共同汇聚的社会资源而获利较多，理应按比例回报社会，补偿社会，即多交一些税，不然就会违背税收公正原则。当然，这些成功人士也应按照比例平等原则享有相应的权利——公共产品和服务。

熊彼特说过，"如果一个人懂得如何倾听财政传出的信息，那么他就比其他人更能理解世界历史的大势"。税收作为财政的核心内容，必然决定和影响未来每个国民福祉的增减和国运的兴衰。税收优良先进，则国民"美好生活"容易实现，国运必将持久繁荣兴旺；税收落后，则会阻碍对每个国民不断增长的"美好生活"需求的满足，从而加速国运的式微和衰亡。

# 目　录

# 第一辑　观　点

# 01/ 深圳盘出"上千亿"的财税警示与告诫

据有关媒体报道,深圳首次打开了土地和国资两本账,结果,一次性"盘"出了"上千亿"的财政存量资金。因此,引发新一轮的财税舆论热点,应是自然的逻辑。

理性地看,深圳市盘出"上千亿的财政存量资金"的新闻,着实叫人喜忧参半。喜的是,几十年来一直被视为财政秘密的土地和国资"两本账"终于见光了,这显然有助于社会对公共资金的监督,提高公共资金的使用效率,增进民众的利益和福祉总量;忧的是,深圳市怎么能一次性地"盘"出这么多的财政存量资金?进而言之,处于改革开放前沿的深圳市尚且如此,全国那么多的城市和地方还能成为例外吗?如果不是例外,就全国而言,这汇总的财政存量资金规模该有多大?特别是,这个财政黑洞所遮蔽和掩盖的财政危机与风险该如何评估?如何防范?转型中的中国如何才能有效破解这一"困局",化解因此带来的系统性社会风险?一言以蔽之,"上千亿"的财税警示是什么?专家学者的价值提醒与告诫是什么?

据悉,深圳市这一千多亿资金"主要来自按照国务院要求'清理盘活'的财政存量资金,及部分重大预算项目的调整"。如前所问,深层次的问题或在于,全国其他地方政府在国家"清理盘活"的大局指挥棒下,就不存在类似深圳的问题,盘不出巨大的财政存量资金吗?如果存在,规模和问题究竟有多大?主要特征是什么?原因是什么?关键是,像这样的财政治理一般性问题,无疑源于财税基本制度与机制安排方面存在的缺陷。因此,从高层管理角度看,究竟应该如何通过制度性创新与建构才能从总体上解决这一问题?毋庸讳言,如果一个问题反复出现、大面积出现,一定是基础性制度与机制出现了重大缺陷,或者严重背离了时代要求。或者说,如果深圳问题是一个普遍性问题,高层应该怎样认识和全面彻底地解决这个问题?

事实上,一下子多出的巨量"财政存量资金",也是在直接提醒我们——该如何有效遏制其规模继续扩大?然后才是科学地安排,高效率地使用,从而发挥其应有的作用,最大限度地增进全社会和每个国民的利益和福祉总量。对此,多年来致力于推动政府预算公开的NGO"政府预算观察"创始人吴君亮先生显然忧心忡忡,他认为,"上千亿"财政存量资金的查处以及中期政府预算调整之大已经不能简单看成"小金库"的问题。直言之,这是一个涉及国家层面财政系统性风险发现与评估以及如何防范的大问题。其中折射出的财税内外管理矛盾与冲突问题,也必须给予高度关注。

笔者陋见,要从根本上化解这一带有普遍性、根本性的财税治理问题,须从以下三点着手。

第一,必须通过尽快建立民众利益表达机制来解决。因为,唯有大多数民众真正需的公共产品才是政府公共资金最应投入的地方。为此,必须改变以往公共资金预算以政府及其官员偏好为导向的观念,真正实现"以人为本"治国理念的制度性"嵌入"。也唯有如此,才能增强公共资金使用的针对性与目的性,即民众的合意性。唯有如此,才能既取之于民,用之于民,更能"用之于民"之所需。事实上,没有民众对公共产品与服务"合意性"的最终评价权,也就不会从根本上提升公共产品的性价比。"合意性"是公共产品供给的前提，也是人道自由平等财税体制的思想前提，更是财税权力合法性的根据。坦率地说，最终建立纳税人主导的财税体制才是解决公共产品与服务"合意性"问题的最高目标。

第二，必须通过财税法治的途径来实现。毋庸置疑，预算法治是保证公共资金使用效率的主要手段和工具。值得庆幸的是，经过全社会多年努力修订的《中华人民共和国预算法》已于2014年

8月31日通过，并从2015年1月1日起施行。换句话说，至少目前中国公共资金的支出与使用，已经有"法"可依。当然，这并不是说财税法治就等于财税"法定"。事实上，财税"法定"仅是财税法治的基本要求。根本说来，财税法治既要"法定"，更要体现绝大多数国民的财税意志，即财税法应该且必须征得全体国民的同意，未经国民同意，既不能征税，也不能用税。具体来说，在公共资金收支等诸多重大活动事宜方面，即征多少税、用多少税、向谁征税、向谁用税等重大财税事务方面，都应该且必须尊重大多数国民和纳税人的意志，避免"为民做主式"财税治理惯性的继续。其中，重中之重在于，财税法，也就是公共资金收支法，即国家重大公共资金收支活动应该且必须如何实行的权力性规范，必须是公正的。具体而言，国民与国家之间的财税权利与义务分配是公正的，基本权利与义务分配做到了完全平等，非基本权利与义务分配做到了比例平等。

第三，必须建立"闭环式"的财税权力监督与制衡机制。常识是，"绝对权力导致绝对腐败"，权力如果没有有效的监督机制，注定导致寻租和腐败。监督机制越是优良有效，权力腐败与寻租的机会便会越小，权力对被管理者的伤害也会越小。反之，监督机制越是落后低效，权力腐败与寻租的机会便会越大，对被管理

者的伤害也会越大。同理，"闭环式"的财税权力监督与制衡机制，也即内外、软硬、上下、德法等"闭环式"的财税权力监督与制衡机制越优良、越健全、越完善，则财税权力的寻租与腐败机会就越小，国民所受的伤害也就越小，反之亦然。因此，必须尽快地自觉建立起"闭环式"的财税权力监督与制衡机制。当然，基于特定时代与国情的实际，注意现阶段纪律检查系统对公共资金收支权力的监督与制衡，至少可以作为一个权宜性的力量以供选择。

同时，来自政府之外的社会财税监督力量，特别是国民权利意识的普遍性提升等，也不可忽视或无视。健康财税治理体系的建立和优化，需要各个财税主体的共同努力。

总之，"上千亿"的财税警示与告诫在于，处于转型核心领域的财税转型牵一发而动全身，必须把握根本与核心，把理想与现实充分结合起来，把战略与策略充分结合起来，既要积极推进，也须掌握好节奏与分寸。财税改革也是一门艺术，需要原则与灵活手段的共同驾驭。

（原载《凯迪评论》，2015-12-04）

## 02/ 降低"免征额"不是个税改革全部

最近，来自全国人大财政经济委员会的消息称，财经委建议"有关部门在个人所得税制改革中统筹考虑代表所提意见，适时提出修法建议"。因此，再次点燃了社会对个税改革的关切。

姑且不论一直以来把"免征额"等同于"起征点"的常识性错误依然重复着，就是每次针对"免征额"调高的个税改革，在学理上也有点说不通，在逻辑上不自洽。

众所周知，"免征额"意味着"免征额"以下的收入依法可以不交税，只对"免征额"以上部分根据相应的税率交税。比如，个税规定免征额为 3500 元，就是指所有收入减去 3500 元以上部分须根据相应的税率交税。"起征点"则不同，一旦达到"起征点"的数额，便要对所有数额交税。比如，如果起征点是 3500 元，达不到这个数额便不用交税，一旦达到这个数额，则要对包括 3500 元及以上部分进行合计，进而按照相应的税率交税。遗憾的是，我们的个税改革一直对此都存在混用误用。

毋庸讳言，个税之所以设置"免征额"，是基于人的基本权利之伦理依据。因为当我们每个人不可选择地参与了社会共同体的缔结的同时，就意味着为社会共同体的构建做出了各自的贡献。因此，便应该享有完全相等的待遇——免征额。至于那些成功者，之所以应该多交税，则是因为他们比不成功者较多地使用了这个共同体，如市场的公共资源。

问题在于，一个社会一个国家的"免征额"究竟定为多少才合理公平？这个问题在一些发达国家可通过多次的制度性博弈最终获取一个大多数国民基本认可的数额。但对于尚处社会主义初级阶段的当下中国，"免征额"的确定的确比较纠结和复杂。一方面，个人所得税在整个国家的税收收入中占比不高，只有 6% 左右；另一方面，个人所得税纳税人现在只占到工薪阶层的 8% 左右。就是说，整个拿工资的人，大概只有 8% 左右才缴纳个人所得税。这岂不意味着，基于"免征额"调整的个税改革，对整个国家的税收收入格局影响不大。如果继续调高"免征额"的话，作为直接税的个税纳税人会越来越少。

可见，如果把税制改革，包括把个税改革的重点锁定在"免征额"的话，其弊在于，既会本末倒置，也会使本应具有"税痛"敏感性、关心税收去向、基于利益计较而监督政府花钱的纳税人其权利意识被进一步消减，从而使"系统性重构"的税制改革失去来自民间的推动力与支持。

毋庸置疑，从整个国家的税制改革看，最应该降低的是间接税，特别是增值税、营业税的税率。当然这并不是说，个税改革本身没有改革和完善的必要。比如，对个人所得税费用扣除问题的统筹与改革、关于其他所得项目的减除费用标准，以及其他所得与工薪所得的计税方法、税率调整等要素的优化，还有个人海外避税的征管、境外所得的个税征管改革等，仍须关注。笔者只是提醒，应该按照不同税种在整个税制中的权重大小排序，不要"胡子眉毛一把抓"，要抓取主要矛盾，把握重点，集中精力于税制改革的"系统性重构"目标，不要人为地错失中国税制改革的历史性机遇。

一句话，降低"免征额"不是个税改革的全部，更不是税制改革的全部和重点。

（原载《深圳特区报》，2015-12-08）

# 03/ 把税权装进"制度的笼子"

近年来，中国税收收入连年高速增长，其中有经济高速发展、税源充足的基础性原因，也有税务机关通过不断创新征管模式、加强税务人员队伍素质培养，特别是征管高新技术装备迅速升级换代等重要原因。

毋庸置疑，伴随税务征管能力的全面、快速、持续化提升，必将带来两个结果。一方面，税收收入总量会继续增加，增速会不断加快；另一方面，纳税人可支配收入会进一步减少，税负会加重，"税痛"将逐渐加剧。从经济发展的规律看，征纳税费行为必然有一个取予的临界点或拐点。一旦征纳行为触及这个"点"，或将背离税收增进全社会和每个国民利益和福祉这个终极目的。因此，必须通过法律、法定的形式，保障政府征税时尽量远离或者不去触碰这个"敏感点"。

即在其他影响税收收入的要素基本不变的前提下，税务机关征管能力的提升应该有一个法定的界限，从而避免税务"聚财"功能的无限度扩张，防止与民争利尴尬局面的形成。事实上，在社会主义初级阶段，由于尚未把权力（包括税收权力）装进制度的笼子，更须通过法治的途径和手段对税务机关无限制提升征管能力的冲动和行为给予理性的遏制。

毋庸讳言，发达国家由于民主宪政制度历史较长，针对税务机关征管权力的扩张已经建立了制度性监督制衡机制，对税务机关不断提升征管能力的欲望设有法定的"界限"，可以防止税务机关征管能力长时段、非理性地加速加强。比如，发达国家已经建立了税务机关编制、人员规模、培训资金、设备更新换代经费等制度，实现了对税务机关征管能力无限度提高的约束和制衡，从而抑制了政府对税收收入长期持续增长的欲望与冲动，避免了背离以税收增进全社会和每个国民利益和福祉总量的终极目的。

我国尚处于社会主义初级阶段，对税务征管能力的提升缺乏制度性的保障，特别是缺乏法治的保障与约束。当下税务机关在人员编制、规模、培训资金、设备更新换代经费等方面，都缺乏有力的制度性保障与约束机制。结果是，税务机关随着征管能力的大幅度提高，终将演变为"聚财"的"巨无霸"，成为与民争利的机器。自然，也就成为转型社会下矛盾的聚焦点，成为转型成本的主体。因此，中国税务征管能力的提升亟待法治法定，以尽快遏制其无限度增长的势头，改变"聚财"冲动无限扩大的趋势，从而为中国经济的可持续发展预留一些后劲与能量。

当然，非税收入征管能力的提升也应该确立法定界限，不能无限度、不受约束。道理很简单，税收收入、非税收入征管能力的长期无限度提升，最终会消减税收治理成效，而不是增进全社会和每一个国民的利益和福祉总量，最终背离了税收治理的终极目的。

总之，要把权力装进制度的笼子，关键是要把税权装进制度的笼子，重点是要把税务征管能力提升的自由裁量权装进制度的笼子，即把"聚财"的权力装进制度的笼子。

（原载《深圳特区报》2016-03-05）

# 04/ 财税才是"工匠精神"的最硬后台

不久前赴京出差，得空约见了相识二十多年的老友李兄。他曾在高层发展研究中心工作多年。李兄虽已离岗，但学习探索未息，依然关注现实问题，关心未来社会的发展态势。

因其刚从日本考察回国，我自然乐见他讲一些赴日见闻与观感。其中的一个故事，一直在我心头萦绕。说的是在日本游览期间，曾到一个小饭馆就餐，后见服务员对一位已经离开而且肯定不会再回头的顾客依然弯腰鞠躬，很是不解，就上前询问，谁知服务员笑而回答："您不是看见了吗？"

由此，李兄浮想联翩，与眼下国内正在倡导的"工匠精神"嫁接，认为所谓的"工匠精神"，不过就是"一个人，一辈子，一件事，一个店"，即"四个一"而已。

## 关于"木匠"的一些儿时记忆

坐动车返程途中，我的脑子里也一直为这"四个一"而纠结。常识告诉我们，要真正实现这"四个一"，确实不容易，不是一个讲话、一个号召就能落实的。

道理在于，要保证"一个人"的基本生存，使其不为衣食温饱安全犯愁，不为油盐酱醋闹心，也不为生老病死煎熬，显然非赖其个人努力可达成，至少天灾人祸等意外的不确定性仍须救助。直言之，需要社会共同体的支持与保护。

事实上，一个人要"一辈子"坚持不懈地追求一个目标，做

"一件事"，不抛弃，不放弃，如果没有最低的生存保障，没有社会共同体为其提供人、财、物的基本保障，是不可想象的。更何况，任何人都不是生活在真空中，都有父母配偶，还有亲朋好友，必须扮演不同的角色，承担不同的责任。

问题是，如果这些不同的角色发生冲突，该如何抉择和取舍？"一辈子"只做"一件事"，必须由社会共同体给予关怀和帮助。当然，如果能有"一个店"可以谋生，能不为衣食发愁，不为人伦日常的责任担当所累，或许可以拒绝一些诱惑，守心如一。但即便是这样，同样需要共同体提供基本的、起码的生存与发展之保障。比如，如果私有产权制度没有确定，如果政府管理部门一些执法人员三天两头来骚扰和敲诈，或者有黑社会的流氓地痞来欺负和打砸，要保证这"四个一"的实现，同样是不可能的。

一句话，如果没有社会共同体的支持与保障，何谈"工匠精神"！然而，社会共同体的支持与保障是有成本的，是需要国民通过缴纳税费来购买和交换的。

由此，也唤醒了自己关于"木匠"的一些儿时记忆。记得小学五年级的时候，在铁路工作的父亲回家做了一个决定，让我主动留一级，并对我的未来职业做了一个安排——学木匠。理由很简单，如果正常升级上初中，十五岁就得毕业（家庭成分高，不可能被推荐上高中），就必须回农业社拉架子车，挣工分，而我的力气还不够。为此，父亲也让他的工友给我私下做了好多做木匠用的工具，斧子、刨子、锯子等等。我只能服从。

或许冥冥之中有一种力量在推动，因为这一次留级，让我赶上了高考，成为我们两个自然村、两个班、一百多名同学中第一个考出来的大学生。从此，便与"木匠"无缘了。

但在高考专业的文理科选择上，我又一次听从了父辈的建议和安排。为了保证能从农村出来，也为了免于选择文科可能遭遇的政治麻烦（那时"文革"刚刚结束），便糊里糊涂地慢待了自己偏文科的特长，选择了工科，直至上大学后，才知道什么叫专业不对口。一直熬到大学毕业，便毅然决然地选择了改行。此后，连续折腾，重新开始学习、调动，不停地换着步子，希望找到真正的自己，直到调进现在工作的单位，自然没有做到"一件事""一辈子"。无疑，因此浪费了许多宝贵的时间与生命。或许，还是因为自己缺少"一个店"的保障吧。

直到四十岁的时候，才在经历了很多人生的得失起伏之后对人生有了一些本真性的感悟，做出了忠于自己内心的选择。从此扬长避短，择善固执，制心一处，选择从伦理学角度研究税收问题，探究优良税制的道德形态。自此，便一屁股坐了十五个年头的冷板凳，有了一点"工匠精神"的意思，日夜研磨"税收伦理学"的基础、框架与各个细节，也获得了一点感悟与收获。

啰唆这些，只是想说明，如果没有家庭的支持，没有师友们的关怀，没有单位领导和同事的包容，没有一份可以养家糊口的工资，自己根本不可能坚守十几年。事实上，任何人的生存与发展，既离不开个人的努力与选择，也离不开亲朋师友的鼓励与关怀，更离不开社会共同体的支持与保障，而社会共同体的支持与保障，是通过财税体制提供的公共产品和服务来实现的。

## 财税才是"工匠精神"最硬的后台

匆匆几十年的人生经历告诉我，"工匠精神"的培养与激发，与一个社会的财税治理质量和水平密切相关。

具体而言，一个社会的财税治理越高效，社会的"工匠精神"就越旺盛，私人产品的质量和水平也会越高、越优、越丰富。相反，财税治理水平较低的社会，其"工匠精神"往往表现为萎靡不振，私人产品的质量和水平也会相应较低、较差、匮乏。

例如，市场经济健康运行所依赖的各种制度与机制，便是典型的公共产品。一个社会公共产品的质量和水平越高，意味着市场经济运作可能越高效，生产力水平更高，经济发展更为迅速，财富分配更趋公正，贫富差距也能得到有效遏制。此时，"德富一致"——品德与富裕的统一，成为可能，人们的道德品质得以提升，从而有助于"工匠精神"的培养与发扬。

同样，一个社会的政治制度和文化制度也属于典型的公共产品。若这类公共产品的质量和水平越高，意味着社会的政治环境越清明，腐败现象越少，"德福一致"（即品德与幸福相伴随）的可能性也随之增大。此时，个人的付出与回报能够更接近基本的公正和平等，从而有助于提高人们的道德品质，并进一步促进"工匠精神"的培育与发展。

反之，如果一个社会的经济、政治、文化等制度类公共产品供给不足或性价比低，整体社会的道德水平便会下降，包括"工匠精神"这样的职业道德品质也会受到影响。逻辑上，这样的社会可能会出现"工匠精神"的缺失与流失。

如前所述，基本制度和机制类公共产品的缺失，意味着财富的创获者往往无法实现"德富一致"，即遵循"工匠精神"并无法致富，无法满足基本的生存需求；同时，也无法实现"德福一致"，即遵循"工匠精神"无法获得幸福和自我实现，从而无法满足更高层次的发展需求——幸福。

因此，财税治理体制的优劣，决定了"工匠精神"的基础与前提，是"工匠精神"的坚实支撑。要全面提升一个社会的"工匠精神"，关键在于优化财税治理体制，提高公共产品和服务的"性价比"水平。

只有这样，才能事半功倍。最终，"工匠精神"将成为我们社会的基本职业操守。因为，资源浪费是不可避免的，而理性之人通常都会认同并践行"工匠精神"。

### 培育"工匠精神"的中国选择

遗憾的是，当前中国的财税治理面临着极大的挑战和压力，公共产品与服务的性价比水平也未必令人满意。主要问题可以概括为以下几个方面：

第一，公共产品供给责任不明确，政府责任错位。公共产品的供给责任，是指由谁来提供和负责这些公共产品。由于中国社会仍处于发展初期、民主政治体制不够成熟、民意基础薄弱、利益表达机制尚不健全等原因，公共资金的收支权力未能有效纳入制度框架内，缺乏必要的监督和制衡，导致腐败现象难以遏制。

此外，公共产品的供给责任不明确，这使得公共产品的合意性差、性价比低，常常出现"供给与需求错位"的现象。

同时，这也容易导致政府过度干预，抑制了市场和非政府组织在公共产品供给中的创新与积极性，无法形成政府、市场与非政府组织三方合力，共同提升公共产品的质量和效率，进而增进全社会福祉。

第二，公共资金来源存在结构性缺陷，公共产品供给成本高、数量少、品种单一。众所周知，政府每年从民间筹集的公共资金相当可观。例如，2015年税收收入就达到11万亿人民币，再加上其他收入项目，全国当年的一般公共预算收入总额达到了15.2万亿元。然而，这些资金的来源存在结构性缺陷。政府收入中的"规费"部分占比较大，这种"费"挤"税"的现象显著影响了公共资金的效率和公平性。

同时，公共资金的供给和支出也存在导向差异。公共产品供给未能做到"取之于民，用之于民"，而且没有做到"用之于民之所需"。公共支出权力缺乏"闭环式"有效监督机制，导致大量资金浪费，供给的公共产品数量少、种类单一，无法满足人民群众的多样化需求。

第三，公共产品本身存在结构性缺陷，供需错位，合意性差，性价比低等问题。具体表现在：一方面，过度关注"低级需求"和"物质主义动机"，即生理和安全等物质性需求类公共产品的供给，忽视了"中级需求"和"社会性动机"，如归属感、爱与自尊等社会性需求的满足。而"高级需求"和"超越性动机"，如对知识的渴求、审美体验和自我实现等精神性需求类公共产品，则往往被忽视。事实上，即便是满足国民生理和安全等物质性需求的公共产品供给，也普遍存在数量不足、品种单一、供需错位、合意性差以及性价比低等问题。

公共产品供给的结构性缺陷具体表现在：核心公共产品的供给相对较少，特别是在基本制度创新等方面；形式性公共产品则较多，如形象工程等。其突出特点是：过于重视满足物质需求和欲望类公共产品的供给，而忽视了精神需求类公共产品的供给。

从人类社会公共资源的形态来看，目前的公共产品供给主要集中在人为物质类公共产品和人际类公共产品上，而对自然物质类公共产品（如环境生态保护类）和公共精神类公共产品（如制度建设等）的供给则相对忽视。公共精神类公共产品，主要指的是政治、经济、科技、文化等领域的观念、组织形式和运作机制等。当然，从社会构成的角度来看，当前较为重视经济、文化产业、人际交往、德治和道德类公共产品的供给，而对政治、法治类公共产品的供给则相对忽视。从公共产品的时空结构来看，当前更加关注当代和国内的公共产品供给，忽视了未来公共产品及国际层面的公共产品供给。

第四，公共产品供给机制落后，公正性和公开性差，效率低下。在公共产品质量管理体系中，质量不仅体现在公共产品本身即生产过程的结果上，还应涵盖公共产品生产的过程、体系及其组合。坦率而言，目前公共产品供给面临的主要问题是机制陈旧，缺乏公正性和公开性，效率低下，且监督体系薄弱。

权利与义务之间并未实现平等的交换。具体来说，政府与国民之间在基本权利与义务的交换上未能遵循完全平等原则；在非基本权利与义务的交换上，也未遵循比例平等原则。

同样，国民之间在基本权利的享有（如基本公共产品的享有）上也未遵循完全平等原则；在非基本权利的享有（如非基本公共产品的享有）上，同样未遵循比例平等原则。

由于国民利益表达机制的缺乏和公共产品供给信息化进程的滞后，再加上国民需求结构的变化，公共产品的性价比将面临更大考验。例如，老龄化问题对公共产品需求结构的影响便是一个典型案例。

公共产品供给机制落后，公正、公开性差，效率低下的原因，既包括公共产品生产与供给决策机制缺乏科学性，也涉及公开性不足、信息化进程滞后等因素，尤其是公共收支权力缺乏"闭环式"有效监督机制的缺陷。

实际上，这四个方面的问题正是激发和培育"工匠精神"的最大障碍。因此，在这种背景下大规模激活"工匠精神"显然是一项长期的、艰巨的任务，绝非一蹴而就。

需要明确的是，笔者并非忽视教育和舆论在"工匠精神"培育中的重要作用，而是想强调，政府在提供优质公共产品和服务方面的作用更加关键，这对于"工匠精神"的培育更具有效性和效率。

（原载《腾讯·思享会》，2016-07-08）

# 05/ 推房地产税要慎言"义无反顾"

2016 年 7 月 23 日，第三次 G20 财长和央行行长会议在四川成都召开。会上，财政部部长楼继伟透露了多个财税改革的重要信息，其中"将义无反顾推进房地产税"的言论引发了广泛关注，再次触动了公众的"税痛"神经，引来不少朋友的咨询与质疑，电话和微信圈的联系频率比平时高了许多。

窃以为，全面推行房地产税，首先必须搞清楚"义无反顾"的"义"究竟是什么，"义"在哪里。只有弄清楚这两个关键问题，才能决定是否应"义无反顾"地推进房地产税。否则，瞻前顾后、犹豫不决反而可能是更为理智的选择。

## 推进房地产税要慎言"义无反顾"

从楼部长提到的房地产税征收理由——调节民众之间收入再分配不公来看，似乎确实有理由"义无反顾"推进。毕竟，现实中确实存在许多人拥有多套房产的情况，意味着过度占有公共资源，这种现象显然不公平。因此，通过税收手段（包括房地产税）进行收入再分配以缓解不公，似乎是合理的选择。

然而，从税收的本质看，国民交税是为了交换到高性价比的公共产品和服务。换句话说，征税的根本目的是确保纳税人能从政府那里获得相应的公共利益。如果税收不能有效换取高性价比的公共产品与服务，那么征税就失去了其正当性和合理性。

进一步说，征纳税者之间的权利与义务分配，必须符合公正平等的原则。具体来说，基本权利与义务的分配应当完全平等，而非基本权利与义务的分配应当遵循比例平等原则。如果税制未能遵循这一原则，政府征税的行为就缺乏充分的合理性。

因此，房地产税的开征，核心应当围绕"取之于民，用之于民"这一原则。如果不能做到"用之于民之所需"，那么推行房地产税的理由就不充分，甚至可能失去正当性。更广泛地说，税制的终极目的是增进全社会和每个国民的利益和福祉总量。如果税收偏离这一目标，就没有充分的理由继续实施。

尽管通过房地产税调节税负公平、确保税负"谁负"更为公正也很重要，但更为根本的是，国民与政府之间的涉税权利与义务的公正平等分配。这种不公带来的危害远远大于单纯的税负分配不公。因此，如果二者发生根本性冲突，应该优先解决国民与政府之间的涉税公正平等问题，而非单纯推行房地产税。

也就是说，仅仅以调节收入不公为理由，推进房地产税的主张，实际上并不充分。这种理由远远没有触及更深层次的问题——税制是否真正符合"取之于民，用之于民"的基本原则。

此外，当前中国财政的"秘密现实"和预算缺乏公开透明，也使得税收的公平性受到质疑。即在公共资金如何使用、如何问责等方面，缺乏有效的制度保障和透明度，导致政府与民众之间的信任不足。因此，即便有经济压力推动房地产税开征，也缺乏足够的支持和合理性。

众所周知，政府的财政支出往往是没有止境的，且具有刚性，尤其在财税权力缺乏有效的"闭环式"监督与制衡机制的情况下，政府容易大手大脚地花费财政资金，而不关注实际的"用税"效果和效率。这种现象的根本原因，既与人性自利的本能有关，也与制度机制的不健全、长期的惯性纵容密切相关。最终，政府在财政支出中的行为可能偏离了财税制度的终极目标——增进全社会和每个国民的利益和福祉总量。

从这个角度来看,一些专家学者基于房地产税全面开征的程序合法性和技术要素等角度提出的"慎重开征"理由,也缺乏有力的论证支持。类似地,如果仅仅从房地产税本身是否符合法定程序的形式要素来进行讨论,其理由也显得不足,缺乏论证的严谨性以及逻辑上的自洽性与贯通性。

这是因为,"法定"只是税收法治的基本要求。从税收法治的本质来看,除了满足"法定"的基本要求外,还必须确保这一法定的民意基础足够充分和坚实,能够获得绝大多数国民的支持。更为关键的是,这种"法定"的房地产税法应当符合公正和平等的原则,确保国民与政府之间的财税权利与义务的分配既公正又平等。

一句话,只有当房地产税开征的理由充分且合乎"义"时,方可"义无反顾"。否则,如果在缺乏充分理由的情况下"义无反顾",或事与愿违,适得其反,南辕北辙。

## 房地产税开征或诱发系统性社会风险

坦率地说,如果房地产税全面开征的理由不充分,而仅仅依赖一些牵强或相对不重要的理由去"义无反顾"地推进,那么至少应该清楚地意识到将会面临哪些大概率的风险,并提前做好预警和防范的准备工作。

毋庸讳言,面对现实的复杂性、实践的可操作性以及未来的不确定性,完全理想化的税制改革——包括理想化的房地产税开征——显然是不切实际的。因此,如何兼顾现实、实践与未来等各项因素,选择一个次优的房地产税开征方案,才是理性和必需的。

第一，必须考虑的是房地产税纳税者群体的特殊性和复杂性。常识告诉我们，拥有多套房产的纳税者，其经济和社会地位与通市民截然不同。他们在社会中的影响力和话语权远超那些仅拥有一套住房的群体。因此，如果房地产税全面开征，这部分人群的痛苦、反感，甚至可能的抗议行为，都会影响到政策的顺利推进。对此，必须充分考量他们的情绪和心理反应，决策时不能忽视这些可能的社会反响。

因此，房地产税开征的理论准备与时机的选择必须谨慎。标准选择上要有所区别，避免伤害大多数民众的利益；方法上要循序渐进，逐步推进，避免急功近利，更不能强行推进。

必须强调的是，房地产税的开征不能仅仅为了"敛财"而实施，应建立有效的"用税"联动机制，从系统论的角度审慎设计免征额、税率及征管手段等，确保税收的公平性与可操作性。

第二，必须顾及房地产税征管面临的实际的特殊性和复杂性。与增值税、所得税等税种不同，房地产税涉及多个层面的估值问题，如区域、地段、价格等因素。而且，房地产评估者的资格、专业水平等，也直接影响到税务征管的准确性和效率。如果再考虑到纳税者可能的逃税行为及其主客观因素，房地产税的落实难度将进一步加大。如何确保税收合规、避免税务逃避，是房地产税开征能否成功的关键。

此外，税务机关是否能有效执行税收政策，确保应收尽收，也存在不小的挑战。如果纳税者采取各种手段逃避税款，税务机关是否具备足够的执行力，以避免引发大规模的社会舆情，将决定这一政策是否能够顺利推进。

不可忽视的是，当前我们正处在社会转型的关键时期，各种社会矛盾和冲突不断累积。每一项重大改革都需要广泛的社会共识和支持，绝不可仓促决策。特别是财税问题，虽然是"国家治理的财政基础"，但若处理不当，也可能引发系统性的社会风险。事实上，英、法、美等发达国家的现代化转型经验警示我们，财税政策往往是引发系统性社会风险的重要因素。

总之，基于房地产税全面开征的根本理由尚显牵强，而现实条件又复杂多变等因素，因此"义无反顾"地推进这一政策，必须与理性思考和长远考虑相结合。特别是，如果房地产税的开征是基于聚财的价值取向，充满勇往直前的决心，甚至孤注一掷的姿态，那么更应当增加科学的克制和对终极后果的深刻关怀，避免盲目行动。

正如汉代司马相如在《喻巴蜀檄》中所说："触白刃，冒流矢，义不反顾，计不旋踵。"然而，这句话虽然强调了勇气和决断力，但它并不适用于每一项改革，尤其是涉及全社会利益的大规模税制改革。房地产税的开征不是一场战争，也不应视纳税人群体为"敌人"，因此我们必须谨慎考虑，全面评估其可能带来的社会后果，确保政策实施的合理性和可行性。

因此，全面开征房地产税，必须慎言"义无反顾"。

（原载《改革内参》，2015-23）

## 06/ 关心税收制度就是关心你的尊严

### 抹不去的记忆

片段一：1976 年，不仅是国家大事迭出的年份，也是我们家值得记住的一年。那一年，我们和叔父一家分开过。第二年春天，日子紧张得大约一个月都没有吃过面条，没见过油泼辣子（用开水烫的），而且，每日早晨吃的是苞谷糁子，中午是玉米面搅团，晚饭是煎的剩搅团。秋天的时候，日子更是拮据窘迫。为了能吃上顿面条，我和大弟把人家在城壕边上伐倒的榆树用镰刀全刮了皮，然后把内皮撕下来拿回家，让母亲放在灶火坑里烘干，然后砸细，过筛，再加水，和上玉米面擀成面条。折腾了一天，就是为了吃上一顿面条。多年以后我想，当一个人吃不饱肚子的时候，是顾不上什么面子和尊严的。

片段二：1980 年高考后，因为担心体检过不了关，上不成大学，和祖父干了一仗，埋怨祖父不给及时看中耳炎，之后穿上父亲褪下的上衣和一条凡力丁裤子，硬向母亲要了一点钱，独自到省城西安中心医院去看病。为了省下几个住店的钱，就去找在省农机公司工作的同村人范四爷。下了火车，拿着写有地址的字条，一边走一边问路。黄昏的时候，他在一栋不高的住宅楼院子里向一堆打扑克的同龄人问路。问了几遍，专心致志打牌的他们根本没人理我，我不得不向其他过路人问路。这个自尊心受伤的场景，直到多年以后，依然无法释怀。或许，这让年少时自卑又自傲的我第一次深切感受到了城乡的巨大差别，自尊心受到了前所未有的打击。

片段三：具体年份记不清了，但这件事以及所受的教育至今还是清晰地留在我的记忆中。有一次，村里有人家正过喜事，他们家族里有人前来"闹事"，用家乡的话说，是在"礼问"。听人说，原因是两家以前曾经发生过一些矛盾，这次过喜事前没有提前通知这家主人。我问母亲这件事的是非曲直。母亲告诉我，过喜事这家做得不对，失礼了。以前再有矛盾，过大事一定要尊重人家，告知人家，来不来是人家的事，但你不告知，就等于失礼。作为家里的长子，这件事我记住了，每逢家里过事，一定要把每族里每户主人告知到，这是对人的一种尊重。尽管"闹事"一家的方式可以商量，但"闹事"显然是为了捍卫自己的"尊严"，并不是为了其他的，如一顿饭等。

## 税与你的尊严

过往生命历程中这些刻骨铭心的片段总是历历在目，难以抹去。

沉潜十几年，从伦理学角度研究探讨税理以来才慢慢发现，这些看似无关的生活经历其实与一个国家的税收治理、人的尊严息息相关。换句话说，一个国家国民的生活水平与尊严状况总体上受制于一个国家的税收治理状况，或者说受制于一个国家税制本身之优劣。

片段一告诉我们，如果国家的税收治理总体水平高，或者说税制优良，那么受饥饿的人就少。反之，如果国家的税收治理总体水平低，或者说税制恶劣落后，那么受饥饿的人就多。

道理在于，税制越优良先进，政府提供的公共产品就越丰富，且其性价比可能越高。毋庸置疑，政府提供的最重要的公共产品是制度，涵盖了政治体制的健全与否、经济体制的优劣、文化体制的先进与滞后，以及法律与道德体系的完善程度等方面。具体到经济体制而言，如果政府提供的是计划经济或命令经济类的公共产品，这类体制背离了经济自由的基本原则，违背了人性基本的行为规律，最终会压抑人们创造物质财富的积极性与创造力，导致国家生产力的缓慢增长、物质财富的匮乏，无法大规模满足每个国民的基本需求，甚至连尊严也得不到保障。

相反，如果政府提供的是市场经济型的公共产品，它遵循了经济自由的原则，符合人性本能的行为规律，能够激发人们创造财富的动力与活力，促进国家生产力的快速发展，从而大规模满足民众的物质需求，避免饥饿与贫穷，也避免因贫困和饥饿带来的尊严丧失。

片段二启示我们，即使一个国家建立了市场经济体制，提供了有效的市场规则，生产力水平大幅提高，但如果没有高性价比的政治类公共产品，如有效的政体和基础制度，依然无法保障大多数国民的尊严不受侵犯。

这是因为，生产力的高速发展和物质财富的丰富增长，虽然是国民免于饥饿与贫穷、避免尊严受损的必要条件，但如果财富的分配无法做到基本的公正和平等，大多数国民仍难以摆脱贫困与尊严受损的命运。

直言之，要保护大多数国民的尊严，政治清明、税权的合法性以及能否形成有效的"闭环式"监督机制等政治类公共产品的高性价比，才是根本所在。因为，政治越清明，税收权力的合法性越强，税务监督越有效，物质财富的分配就会更加公正和平等，国民之间、国民与政府之间的基本财富分配会更加符合平等原则，国民免于贫穷与饥饿、免于尊严受损的可能性也会大大增加。

同样地，政治清明还意味着民众对税权的认同度更高，对税务监管的参与和监督也会更加积极，从而促进非基本物质财富（如权利与义务）的分配更加公正与平等。这样，国民免于精神贫困与饥饿导致的尊严受损的风险就会降低。

简而言之，政治清明、腐败较少的环境能够有效减少因政治不清明和腐败引发的尊严丧失。

反之，若政治不清明，民众对税收权力的接受度和监督能力将显著降低，物质财富的分配也会趋向不公与不平。此时，国民之间、国民与政府之间的基本财富分配会变得更加不公，贫困和饥饿所带来的尊严损害也会更加严重。

片段三告诉我们，尊重是尊严的前提。尊重意味着既要把自己当作一个人来看，也要同样地把他人当作一个人来看，最重要的是要"使人成为人"。"尊严"指的是"尊贵"和"庄严"，即人具有极高的存在地位和价值地位，因而成为神圣不可侵犯、威严且令人敬畏的存在。

正因为如此，黑格尔才说，尊严"是所有个人行动的不可动摇和不可消除的根据地和出发点，也是所有个人的目的和目标，因为它是所有自我意识所思考的根本"。人之所以具有最高的价值和尊严，正如霍尔巴赫、斯宾诺莎等哲学家所认为的，这是因为人最需要的正是人，人与人之间的关系是最具效用和最高价值的，即"在所有事物中，最需要的就是人"。

从这个角度来看，优良的税制便是"把纳税人当作人来看"的税制，是真正"使纳税人成为人"的税制，是一种"未经同意不得征税"的税制。它意味着，关于征税的所有重大决策——包括征税的标准、征税的地点、征税的原则、税务环节的选择以及税收减免等，最高决策权都应该掌握在纳税人手中。

从逻辑上讲，只有建立了这样的税制，税收才能真正做到"取之于民，用之于民"，特别是"用之于民之所需"，进而增进全社会和每个国民的福祉总量。这样才能确保每个国民的基本物质需求、社会层面的需求以及更高层次的精神需求得到满足，最终免于尊严的丧失，实现自我价值的完整体现。

### 关注税就等于捍卫你的尊严

如果说政治犹如空气，每个人都无法逃离，那么税收就是空气的重要成分。税收的优劣直接决定了"空气"的整体质量，进而影响着每个人一生的得失与福祸。

税收与我们的尊严有着如此紧密的关系，因此捍卫税收、关注税收、拥抱良税、拒绝恶税，并积极参与推动税制改革，实际上是在捍卫我们的尊严，是为了在未来避免尊严受到侵害。

从根本上讲，税收是国民与国家之间就公共产品交换价款所缔结的契约。因此，国民交税是为了从政府那里交换到高性价比的公共产品和服务。而每一个能够交换到高性价比公共产品的国民，也就意味着，他们的尊严得到了相应的保障。相反，如果税收无法有效保障公共产品的质量与公平分配，就有可能导致国民尊严的受损。

毋庸置疑，关注税收，重点应放在"用税"的方向与质量上，即税款最终的受益者是谁、用税权力掌握在谁手中，以及如果用税失责，谁来问责等核心问题。

然而，从保障征纳税人权利与义务公正交换的前提出发，我们还必须特别关注税权的民意基础和合法性这一根本问题。因为，权利是依赖于权力保障的利益索取，义务则是依赖于权力保障的利益奉献。如果税权缺乏合法性，民意基础不稳固，那么就无法保障征纳税人之间的公正交换。换句话说，每一个纳税人和国民的尊严也就缺乏有力的保障。

最后，税权作为一种强制力，要求被管理者——特别是纳税人——服从。如果没有纳税人的同意，税权便不再是一种权利与义务的平衡，而只是单纯的强制力，进而可能侵害纳税人和国民的尊严。正如英国思想史学家阿克顿勋爵所言："权力导致腐败，绝对权力导致绝对腐败。"税权亦不例外。显然，税权需要纳税人的同意机制，这不仅是税收法治的基础，更是有效的监督和制衡制度。

因此，请不要轻易认为税收与你的尊严毫不相关。事实上，税收是你的尊严的"晴雨表"和保护神。通过税制的优劣，我们能够预知自己当下或未来的尊严状况。税制本身就是尊严的一部分，它直接关系到每个国民的尊严。

没有尊严的生活，犹如行尸走肉。税收与人的尊严息息相关，了解税收、关注税收、思考税收、追求良税，应成为每一个公民的基本生活方式，它们与我们的生死荣辱密切相伴，永不分离。

（原载《腾讯·思享会》，2016-08-08）

# 07/ 财税问题为何成为社会矛盾的焦点

财税问题历来是社会矛盾的焦点，古今中外皆是如此，至今亦无例外。深究其原因，财税直接关乎一个社会治理的基本结构，既是支柱，也是基石。

财税治理优良，则国家治理优良；财税治理问题多，国家治理问题便不会少。国家作为最高权力的象征，要实现经济繁荣、文化发展、人际和谐、政治清明、德治优良、环境舒适等目标，最终都需要依赖政府所提供的公共产品的保护与保障。因此，公共产品的性价比高低、公共政策的合意性以及制度结构的合理性，都与国家税收收入的多少与及时性密切相关，且与税收使用的效率、公共资金的管理水平以及收支活动的规范化息息相关。简言之，这一切都与财税治理水平的高低密切关联。

财税之所以屡屡成为社会矛盾的焦点，一方面是因为它本身就是社会治理的关键与枢纽，财税治理的优劣是衡量一个国家和社会治理水平高低的"晴雨表"，即一个国家和社会财税治理的水平高低直接折射一个国家和社会治理水平的高低。可以说，财税治理水平高，国家治理水平就高，反之亦然。另一方面，国民与国家之间的核心关系集中体现在财税领域。国民交税并非出于大公无私的善行，而是为了一种自利的交换行为。国民将自己的一部分财产交给国家，目的是公平地交换到相应的公共产品和服务，从而实现自身福祉的最大化。因此，如果国民交税后，能够从国家那里公平地交换到所期待的公共产品和服务，使自身利益和福祉得以最大化，那么国民的满意度就会提高，社会矛盾与冲突自然减少。相反，如果国民交税后，未能从国家那里公平地获得预期的公共产品和服务，从而无法实现自身利益和福祉的最大化，那么不满、矛盾与冲突必然增加。

众所周知，"公共产品"是指能够满足人们公共需求、欲望、兴趣等衍生物的物品。它具有两大典型特征："非排他性"和"非竞争性"。这意味着，一旦某种公共消费品被提供，每个人的消费量都不会影响该产品的总供给量，同时，每个人对该产品的消费互不干扰，增加消费者的消费不会带来额外的社会成本，即消费者的消费是"非竞争性"的。因此，斯蒂格利茨指出："公共产品是一种物品，增加一个人对它的分享并不会导致成本增加，而排除任何个人对它的分享却会造成巨大的成本。"

然而，从本质上讲，"公共产品"不仅仅是满足人们公共需求的衍生物，更重要的是这种公共产品的内在性质，包括其合法性、合意性与公正平等性。这是因为，虽然传统政府和现代政府提供的公共产品在形式上可能类似，例如国防安全、环境保护等，但它们的根本差异在于提供公共产品的出发点、机制以及合法性。传统政府提供的公共产品往往以少数人的利益最大化为出发点。其公共产品的供给机制通常由少数人及其利益集团主导，最终决定税收额度、征税对象、征税环节，以及公共产品的种类、数量和受益者。这种供给机制使得公共资金的收支和"公共产品"的合法性与合意性较差，效率低下，性价比不高，容易引发系统性的矛盾和冲突，成为社会风险的潜在源头。

但在现代政府治理体制下，政府的收支活动及提供的公共产品虽然也受到选举压力，政府官员往往为了选票、为了继续执政，乃至为政党或党首利益最大化而制定政策，但关键在于，税收的决定权、公共产品的生产与分配等重大问题，通常由多数公民通过选票决策。即便由于信息不对称，选民选错了领导人，仍然可以通过弹劾等监督机制进行制约，或通过下次选举进行纠正。这种机制使得权力的伤害范围有限，错误的机会减少。由此，现代政府提供的公共产品往往具有较高的合法性、效率和性价比，能够有效减少社会矛盾与冲突，并且系统性社会风险的爆发概率也较低。

从逻辑上讲，现代政府在公共资金收支活动中的公正性越强，所提供的公共产品质量越高，国民与政府之间的权利与义务交换就越趋向平等，社会矛盾和冲突也相应减少。具体而言，当国民与政府之间的基本权利与义务交换符合完全平等原则，非基本权利与义务交换遵循比例平等原则时，矛盾与冲突就较少。而在传统政府模式下，公共产品的公正性较差，国民与政府之间的权利与义务交换往往不符合平等原则，尤其是基本权利与义务的交换容易违背完全平等原则，非基本权利与义务的交换也常常违反比例平等原则，导致矛盾和冲突加剧，并容易引发系统性的社会风险。

如此看来，财税问题之所以成为社会矛盾的焦点，关键在国家征税"取之于民"的同时，能否真正做到"用之于民"，能否"用之于民之所需"，即公共产品的质量、合意性和结构是否合理。最终，这一切无疑取决于公共产品制度设计者的终极目标，即究竟是为了增进少数人或个别群体的利益和福祉，还是为了提升大多数甚至所有国民的利益和福祉总量。

毋庸置疑，公共产品的合意性取决于其制度的人道性与自由性，即该公共产品是否得到了全体国民的认可与同意，是否符合全体国民的意愿。认可与同意的国民人数越多，该公共产品的合意性就越强，矛盾与冲突也就越少；反之，若认可与同意的国民人数较少，则该公共产品的合意性较弱，矛盾与冲突便越大。

根本而言，公共产品供给制度的公正性与平等性决定了其是否能够获得广泛的认可。具体来说，这取决于征纳税人之间、国家与国民之间权利与义务的分配是否公正。首先，必须确保征纳税人之间、国家与国民之间的基本权利与义务分配符合完全平等原则；其次，非基本权利与义务的分配则应遵循比例平等原则。此外，公共产品的生产效率、结构合理性，以及当时排他性技术的发展水平等因素也在很大程度上影响着其供给的公正性与平等性。

当然，财税问题成为特定时代矛盾与焦点的原因是复杂且多元的，并随着时间不断变化。但作为社会治理者，至少应清醒地认识到，社会治理中的矛盾与问题并不可怕，可怕的是讳疾忌医，尤其是无视财税领域中已经出现的矛盾与问题。这提醒我们，面对财税领域的矛盾与冲突，必须以理性和务实的态度进行分析与解决。决策者不能依赖惯性思维或拍脑袋决策，更不能有意或无意地激化财税领域的矛盾与冲突，避免将其人为地推向舆论的热点与焦点，从而降低转型期社会治理系统性风险爆发的概率。

（原载《新理财》，2017-01）

# 08/ 财税改革的未来期许

猴年真可谓"税收之年"。

在年末的大梅沙论坛上，李炜光教授发布了关于"死亡税率"的民企税负调研报告，随后引发了广泛关注。不久后，企业家曹德旺先生因批评中国制造业税负过重而发声，进一步引发了这一话题，迅速演变成新老媒体、政府以及社会各界高度关注的涉税舆论热点，尤其是企业界的持续围观。

然而，令人遗憾的是，在双方激烈的攻防争论中，税负高低及其计算口径与方法反而成为舆论的焦点。客观上，这种讨论有意无意地忽视了财税改革的根本问题与核心议题。

在我看来，税负高低并不是税制及其改革的根本要素和核心问题。试想，如果纳税者能够通过民意表达机制积极参与到税制改革过程中，那么税负高低还会成为这场辩论的唯一焦点吗？或许早在问题首次被提出时，通过有效的反馈机制，这一问题就已经得到相应的调整和化解了。

因此，这场看似规模宏大、影响深远的财税改革争论，最终往往难逃"雷声大，雨点小"的宿命。当然，也未必能够推动"系统性重构"的财税改革目标，甚至可能拖延实质性财税改革的进程和节奏。如此一来，改革的有限资源和宝贵机会便再次被浪费，系统性的财税风险得以继续积累。

千百年来，中国社会的每一次变法或改革，财税始终是核心内容与目标。商鞅变法如此，王安石变法如此，张居正变法同样如此。从近现代发达国家的转型实践来看，财税变革一直是重大社会变革的契机与关键领域。毋庸讳言，财税危机和财税改革的失误，往往成为系统性社会风险爆发的导火索。

其根本原因在于，财税改革是对现行公共资金管理体制和机制的创新与变革，旨在适应国家治理新目标。这一过程不仅包括对税制——公共资金收入体制与机制——的创新和完善，也涵盖对预算体制与机制——公共资金支出体制与机制——的改革与提升。公共资金收支管理活动的最终目的是为全体国民提供高性价比的公共产品和服务。换句话说，这些公共产品必须符合全体或大多数国民的实际需求，且结构合理。它们不仅应当满足基础物质需求，还应包括能够保障社会需求的产品，如尊严与自由，同时也要涵盖满足精神需求的产品，例如能够激发国民创造力的资源，以及支持高级精神文化需求的产品等。

当然，核心在于这些公共产品的供给必须是公正和平等的。理想情况下，基本权利层面上的公共产品分配和供给，必须实现每个国民之间的完全平等，不能因为地域、职业、行业、出身等人为因素而存在歧视，导致不平等。但对于非基本权利层面的公共产品，尤其是准公共产品的供给，应当遵循比例平等原则。只有这样，才能既保障社会存在与发展基础的稳固，又能够激发社会生存与发展的动力，培育创新精神，最终实现财税增进全社会及每个国民福祉总量的目标。

遗憾的是，当前中国财税体制存在诸多问题，若"系统性"财税改革未能以化解这些核心问题为导向，财税体制可能会成为中国社会现代化转型过程中面临的最大障碍和风险点。

毋庸讳言，当前财税体制存在的主要问题包括：

第一，财税体制改革的终极目标模糊不清，往往以具体目标代替了根本目标。具体表现在：有观点认为税制改革的目的就是"聚财"，即凡征税越多的改革就越好，税制优劣和改革成败仅以是否能高效、快速"聚财"作为标准；同理，也有观点认为财政预算改革的目的就是"花钱"，即能高效花钱的财政预算体制才是优良的，改革成败的标准仅限于是否能"高效花钱"。

然而，如果税收的终极目的是单纯的"聚财"，而非增进全社会和每个国民的利益和福祉总量，便容易导致与民争利，横征暴敛成为必然结果。类似地，如果财政预算的终极目的是"花钱"，而非为每个国民提供高性价比的公共产品，且预算缺乏公开透明，预算权力无法有效制约与监督，那么，政府及其官员便会倾向于无节制地"花钱"，而不是为人民的福祉负责。

第二，财税改革的合意性不足。具体表现在：关于征税的多少、征什么税、向谁征税、在哪个环节征税以及如何减免税等重大决策的权力，并不完全掌握在纳税者手中。这意味着，政府在未经过纳税者同意的情况下征税，基本上以政府及其官员的意志为主导；纳税者在未获得同意的情况下缴税，完全处于被动地位，任由政府及其官员的税收意志摆布。

同样，预算中关于税款使用的决策，如用多少税、用什么税、向谁用税、在哪些环节用税等，也不掌握在纳税者和国民手中。政府可以在未征求纳税者和国民同意的情况下，随意决定如何使用税款，且这一过程通常缺乏透明度和公开性。由于缺乏有效的问责机制，预算的决策大多取决于政府及其官员的意志，无法确保税收的"取之于民，用之于民"，尤其是"用之于民之所需"的原则得以落实。

根本问题在于，缺乏合意性的财税改革，意味着财税权力的民意基础不牢固，税收的权利与义务分配难以做到公正和平等。

改革往往只重视税负"谁负"的相对公平，忽视了税收的根本公正，即征纳税者之间的基本关系。这种改革不仅仅停留在"财税法定"的表层，更多体现的是政府及其官员的征税意志，而忽视了税收使用的合意性与必要的法律约束。结果，税收制度不仅失去了德治与法治的限度，而且容易偏离增进全社会和每个国民福祉的根本目标，侵害国民的基本利益，成为一种不得不接受的"宿命"。

此外，缺乏合意性的财税改革往往缺乏民主性和经济自由性。这样的改革在经济形势较好时或许能够勉强运作，但一旦经济形势发生严重变化，财税改革便可能成为全社会关注的焦点，甚至引发系统性的社会风险。而财税改革滞后所带来的"钱袋子"效应，既可能是正面的，也可能是负面的。在企业经营困难、经济大势堪忧的时节，"钱袋子"问题的权重便可能主观性地升格和加剧。

第三，财税改革的公正性欠缺。虽然现行财税改革并非完全忽视涉税权利与义务的公正平等分配，但显而易见的是，改革的重点多集中在纳税人、征税人、国家之间以及人与环境的涉税关系上，而忽视了征纳税者之间权利与义务的根本性分配问题。具体而言，现行改革没有做到纳税者之间基本权利与义务的完全平等，也未能实现非基本权利与义务的比例平等。

表现在，区域、城乡、行业、职业以及代际之间，税收权利与义务的分配尚未实现完全平等。无论是征税，还是纳税义务的分配，都未能做到公正均等。公共产品的供给亦存在类似问题，尽管某些群体声称为了"大多数人的经济利益"，但实际上却在某些情况下公然侵犯了所有国民的基本权利。殊不知，每个国民的基本权利源自每个人生来就不可选择地成为社会共同体的一部分。

　　每个成员对共同体的贡献是平等的。因此，每个国民都应当享有共同体给予的平等待遇和回报，这是每位公民和纳税人理应享有的基本权利。那些从共同体资源中获益更多的人，理应根据比例承担更多税负，但在享受公共产品时，他们应与其他国民平等。

　　这种不公正的情况，根源在于我国社会主义初级阶段民主制度尚不完备，财税权力的合意性不足，民意基础不牢固。此外，财税权力的监督机制缺乏有效的"闭环式"制约，导致公共资金的管理与使用出现扭曲，背离了财税改革的真正目标。

　　根本原因在于，税收作为一种强制性权力，其合法性必须基于国民的认可与同意。如果税收的合法性不足，权利和义务就难以做到公正平等地分配。无论是税收的征收，还是公共资金的使用，若缺乏透明、公正和平等的分配机制，最终只会导致民众的不满和社会矛盾的加剧。

　　基于此，笔者对未来中国财税改革的期许是：首先，要明确财税改革的终极目标——增进全社会和每个国民的福祉总量。这是衡量财税改革成败的核心标准。只有在征纳税者之间利益未发生根本冲突时，才应坚持"不伤一人地增进所有人利益"的帕累托最优原则；而在利益冲突无法调和的情况下，才可谨慎应用"最大多数人的最大利益"原则。其次，必须建立以人道自由、法治民主为基础的财税改革目标，即建立一个由纳税人和国民主导的财税体制，将公共资金的收支权力归还给每一个公民。这是评估税制改革成败的最高标准。最后，要夯实财税权利与义务公正平等分配的基础，关键是解决征纳税者之间权利与义务的根本性不平等，这是衡量财税改革成功与否的根本标准。

　　总之，未来中国财税改革的核心价值和目标，应当统一为"终极目标——福祉增进、财税公正、民主法治"的三者结合。只有在这一原则的指导下，财税改革才能摆脱技术性微调的束缚，避免再次错失历史性机遇，真正实现增进民众福祉的目标。

（原载《新理财》，2016-02）

# 09/ 个税改革的隐痛与新忧

2018 年 6 月 19 日，个人所得税改革再次成为新老媒体关注的焦点，也成为税收学者和税务专家解答疑惑的新契机。这一切源于新的个人所得税法修正案草案（以下简称《修正案》）将提请十三届全国人大常委会第三次会议审议。

当前，这一《修正案》在各大媒体上受到了广泛热议和好评。其主要亮点包括：将个税免征额从 3500 元提高至 5000 元，预计会惠及大量低收入者，减轻其税负并增加可支配收入；首次增加了子女教育支出、继续教育支出、大病医疗支出、住房贷款利息和住房租金等专项附加扣除，进一步减轻了部分纳税人的经济负担；扩大了较低档税率的适用范围，使更多纳税人获得减税优惠；同时，增加了反避税条款，赋予税务机关按合理方法进行纳税调整的权力，堵塞了部分税收漏洞，有助于减少逃税行为，提升税制的公平性。

这些改革措施确实具有一定的积极意义。对政府而言，能够有效缓解民间关于个税负担过重的声音，减轻税务权力与问责的压力；对纳税人而言，部分受惠群体将获得实际减负，减少负面情绪的积累，保持社会稳定。

然而，从党的十九大报告提出的"满足人民美好生活需要"的指导思想出发，从全面深化改革对税制进行"系统性重构"的目标来看，当前的个税改革仍然处于起步阶段，且面临诸多挑战。财税体制改革的终极目标是增进全社会和每个国民的福祉总量，因此，个税改革仍需要进一步深化，需要站得更高、看得更远，全面思考和规划未来的改革方向。

因为个税改革的"暗痛"尚未消除，而"新忧"再添。

个税改革的"暗痛"在于，个税只是中国财税治理的一个子系统。以 2017 年为例，个人所得税收入虽然达到 11966 亿元，但仅占全国税收收入的 6.9%。这意味着，个税在中国财税治理体系中的权重相对较小，其优化不足以推动税制改革的大局。个税改革虽然重要，但解决中国社会转型过程中出现的收入不公等问题，显然不能单靠个税改革来实现。尽管《修正案》受到广泛好评，但仍无法全面调节国民收入分配的失衡。个税的公正性更多体现在调节纳税人之间的税负分配，而在代际、地域和国际间的收入分配上作用有限，更别提解决征纳税者之间的权利与义务公正问题。另一方面，个税作为直接税，纳税者对税负的"痛感"远高于间接税。若改革处理不当，可能带来社会治理上的不确定性，甚至引发系统性社会风险。因此，虽然个税改革至关重要，但全面税制的"系统性重构"更为关键。未来，必须更加关注个税改革中的根本问题，如民意基础、公共产品的性价比和征纳税公正等，而非仅停留在技术性细节上（如免征额与起征点的混淆）。

个税改革的"新忧"则在于《修正案》改变了个税的征管模式，要求个人按年自行申报税款。这意味着，税收征管责任将从单位转移到个人手中，纳税者需要亲自或委托代理人处理与税务机关的关系。因此，税务机关将面临大批新的个体纳税人或代理者，如何为这些纳税人提供优质服务、如何借助大数据技术提高税法遵从度、提升稽查效率，将是新的时代性课题。

问题在于，如果税务机关在面对这些新挑战时应对不力，可能引发新的征纳矛盾和社会治理问题。个税的直接性特征使得纳税者的税痛敏感度较高，一旦预算公开制度改革滞后，可能会引发纳税人对税收使用不透明的不满，激化征纳矛盾。此外，能够负担个税的纳税人往往经济实力较强、社会影响力较大，这部分群体的税法遵从度普遍较低。在互联网时代，信息传播迅速，这一群体的权利意识较为强烈。如果《修正案》实施后，个税的自行申报制度未能顺利推行，可能导致初期的征纳冲突和矛盾，甚至引发社会不安。特别是在社会主义初级阶段，由于国民普遍缺乏较强的纳税意识和税收遵从度，一旦出现大范围的个税遵从度低，或个税违法行为普遍化的现象，将可能成为社会风险的导火索。因此，必须在改革前做好充分准备，避免改革过程中产生新的风险。

总之，个税改革不仅要谋划当前，还要为长远未来做出规划，切忌"头疼医头，脚疼医脚"的做法，避免错失税制改革的历史性机遇。

（原载《长安税苑》，2016-03）

# 10/"任意性"是优良税制的致命伤

优良税制的终极目标是增进全社会及每个国民的利益和福祉总量。要实现这一目标，良好的税收秩序是前提，而"任意性"则是税收秩序的最大挑战和破坏者。

税制中的"任意性"表现为：一方面，税收的道德与法律规范在制定过程中充满了任意性、主观性、相对性和特殊性，未能遵循合理的治理原则；另一方面，税制的社会效应往往损害了大多数国民的利益，倾向于惠及少数特权阶层。具体而言，充满"任意性"的税制往往根据少数征税者和纳税者的需求、欲望、目的及利益来设定，而不是为了全体国民的利益和福祉。换句话说，税制的"任意性"越大，意味着它对大多数纳税人利益的伤害越大，越远离税收的核心道德价值——"征纳两利"。

不可否认，充满"任意性"的税制通常是由少数官员及其利益相关者所设计，旨在服务于少数特权阶层，而非全体国民。由于这种税制缺乏稳定、高效的纳税人利益表达机制，它很难最大化"合意性"，同时也缺少符合人性的税法遵从动力，表现为税收政策的不稳定和不连续。与此相对，充满"客观性"的税制则较为稳定和高效，它是由大多数人所制定，旨在保护大多数纳税人的利益，通常能保持税收政策的连续性和稳定性。因此，税制的"任意性"越大，其质量越差，越落后；而"任意性"较小的税制则更加优良和先进。"任意性"是优良税制的"致命伤"。

更进一步，一方面，充满"任意性"的税制往往违背了征税人和纳税人涉税行为的基本心理规律。税收的根本动力是"恒久为自己，偶尔为他人"的原则，这意味着税制若忽视这一规律，必然缺乏稳定的社会基础，导致纳税人无法持续遵从，且遵从成本极高。相反，顺应这一心理规律的税制不仅能获得稳定的遵从基础，遵从成本较低，且能够持续。另一方面，充满"任意性"的税制往往违背大多数国民的税收意愿，将聚财、宏观经济调控或分配调整等具体目的当作终极目标。然而，税收的终极目的是增进全社会和每个国民的利益和福祉，如果税制仅仅为少数利益集团服务，那么它就会丧失其存在的根本意义，成为无本之木。充满"任意性"的税制通常依据少数官员或利益相关者的意志来评判税制的优劣，或者是依据低级税收意愿来决定。

更深层的道理在于，纳税人涉税行为的心理规律是税收道德价值得以形成的基础，而税收目的则是税收道德价值的主体标准。纳税人对税收目的和自身利益的认知深刻影响了税收道德价值的真理性。因为价值是客体的固有属性对主体需求、欲望、目的和利益的效用。只有当对纳税人涉税行为的心理规律和税收目的有正确且一致的认知时，才能获得完整的税收道德价值真理，从而通过税收道德判断制定出优良的税收道德规范和税法规范（税制）。这种税制不仅具有普遍性、客观性和绝对性，而且"任意性"较少，能够更好地为全社会服务。相反，如果对纳税人涉税行为的心理规律和税收目的的认知存在偏差（"一真一假"），则可能形成不完整或错误的税收道德价值认知，从而导致制定出落后的税收道德与税法规范（税制）。这种税制往往充满特殊性、主观性和相对性，充斥着"任意性"，不利于公平、合理的税制建设。

大卫·休谟曾言："所有税收最致命的是任意。"而充满"任意性"的税制，"它们通常通过它们的管理而转化成对产业的惩罚……因此，看到在任何文明的民族中都有它们的影子，让人感到很惊讶"。遗憾的是，休谟仅从经济角度分析了任意性税制的危害，却忽视了它对社会的深远影响。事实上，充满"任意性"的税制往往具有经济、政治、文化及生态等多方面的危害。

一句话，"任意性"是优良税制的"致命伤"，也是其最大挑战。为了制定出优良的税收制度，税收研究者和改革者的核心任务就是消除税制中的"任意性"。只有消除"任意性"，我们才能接近理想的税制。

（原载《天和网》，2014-01-21）

# 11/ 谨防文明自我毁灭的税收风险

著名法学家霍姆斯曾指出"税收是文明的对价"。这一观点深刻揭示了税收与国家的命运息息相关，它是国家治理的核心所在。逻辑上，合理的税收制度能够促进社会文明的进程，推动国家的繁荣发展；不合理的税收制度则可能阻碍社会进步，加剧国家衰退。税收既是文明的推动力，也可能成为其破坏力。

因此，警惕税收所带来的"文明自我毁灭"风险，是每一个理性社会应当具备的自觉，而忽视这一风险则是非正常社会的普遍特征。税史学者查尔斯·亚当斯在《善与恶：税收在文明进程中的影响》一书中反复警示："我们税收的破坏性是在所有的前沿领域，我们似乎正在沿着过去很多大国的道路在走——我们正在向我们自己征税直到死亡，并不仅仅是经济上的。"深究其因，就是因为"我们已经违反了我们的前辈警告我们不要违反的税收规则"。

这些"基本税收规则"包括：税收应增进全体国民的利益和福祉，"未经同意不得征税"，以及自由、公正、平等、法治、节俭、诚信、便利等原则。当这些规则得到重视和遵守时，税收便成为推动文明进程的加速器。反之，一旦这些规则被忽视、破坏，税收便会成为文明最先遭遇的敌人，阻碍社会的进步，甚至导致文明的崩溃。常见的情形包括：因横征暴敛、税负沉重，最终加重民众的负担，直到"最后一根稻草"压垮社会；征税决策变得不透明、不规范，税收的惩罚失去公正，政府对税收的管理失控；或者，税收的实施背离了平等和比例的原则，导致税收治理中的不公正问题；再或者，纳税人基本权利的保障形同虚设，税收制度的底线一再被突破；等等。可见，促进文明进程的税收必须符合纳税人的行为心理规律，旨在增进全社会和每个公民的福祉，遵循人道自由、公正平等、诚信等根本道德原则。

"君子爱财，取之有道。"国家和政府在追求财政收入时，同样应秉持这一原则，必须坚持合法、合规、道德的征税方式，因为政府履行公共产品生产与供给的职责，必须通过税收筹集相应资金。但问题在于：如何征税？征多少？如何使用？谁应拥有税收资金的控制权？如何规范税收的使用？这些问题的答案关乎税收的合法性与合理性。

历史的经验和教训不断提醒我们，税收既是人民幸福的源泉，是实现美好生活的物质基础；同时，它也可能是社会动荡与灾难的根源。罗马帝国的覆灭、英国、法国、美国等国的内战与动乱都与税收的失衡和误用息息相关，而中国历朝历代的兴衰更是证明，税收在国家治理和国运兴衰中的重要性不言而喻。

文明自我毁灭的税收风险，往往源于征税的过度、随意和不规范，同时伴随着税收使用的不透明、不公正、未经公民同意等问题。具体表现为：过度征税、任意征税；税收用途不公，服务于少数特权阶层；或者税收公正原则遭到挑战，社会的基本公共产品供给和非基本产品的比例供给原则遭遇践踏。

总之，防范文明自我毁灭的税收风险，必须贯穿税收治理的全过程，尤其在国内外政治、经济形势复杂多变的环境下，更应保持高度警觉。税收，既可能成为推动人民福祉的强大动力，也可能成为引发社会系统性风险的导火索。税收有其善恶，选择须谨慎。

（原载《深圳特区报》，2020-07-07）

# 12/ 实现"税收共治"任重道远

进入二十一世纪二十年代,"现代化"已经成为国家治理的核心主题。作为国家治理的重要支柱,"税收"如何通过"共治"加速现代化,显然已成为时代的呼唤和重要课题。

何谓"税收共治"? 顾名思义,"税收共治"是指国民与国家共同治理税收事务。具体来说,它意味着国民与国家共同参与公共产品生产和供给所需公共资金的筹集过程。换句话说,"税收共治"是国民与国家在税收活动中共同履行契约和交换的过程。显然,现代"税收共治"不同于封建时代的"君臣共治"或皇帝专权下的"官吏共治",而是在"主权在民"的现代国家治理理念下,体现了国民与国家的共同治理。从根本上说,现代的"税收共治"最终是指全体国民在政府主导下的共同治理。

"税收共治"之所以成为现代国家治理的主要内容与途径,理论上是因为"税收共治"能有效实现税收治理的终极目标——增进全社会和每个国民的利益和福祉。它有助于满足人民日益增长的美好生活需要,推动公共产品的高效供给,并有助于社会主义核心价值观(如人道、自由、公正、民主、诚信等)的融入税制。同时,"税收共治"还能促进"税收共识"的形成,夯实税收治理的制度基础。简而言之,唯有通过"税收共治",才能最大化实现税收的最终目的,推动国家的繁荣发展,并确保社会和国民的共同幸福。

要实现"税收共治"并非易事,不仅需要注重现实的复杂性,还要关注实践的可操作性，并考虑未来的不确定性。具体而言，逻辑上，"税收共识"的形成是"税收共治"的前提，制定优良的税制并推进改革是实现共治的基本途径，保障税收成果的公正分配与共享是其动力源泉，而加速税收信息的融合与共享则是共治的基础支撑。真正的"税收共治"应具备福祉、人道、自由、公正、民主等核心价值，并贯彻"全民共治"的理念。

中国要实现"税收共治"面临诸多挑战，既有沉重的历史包袱需要抛弃，又必须面对复杂的国内外政治经济形势。要实现"税收共治"，不仅需要在"税收共识"方面下功夫，即在税收目标、征纳行为规律、价值判断等方面达成广泛共识，实现"共鸣"；还要按照科学方法优化税制，尊重税收行为规律，明确税收治理的最终目标，不断提升税制（包括税收道德和税法）的水平，为税收共治提供坚实的制度基础。同时，要通过制度创新确保税收成果的共享。这不仅意味着在征纳税人之间合理分配涉税权利与义务，确保基本涉税权利的平等，还要保障非基本涉税权利的比例平等。至少需要尽快解决"税负"的"谁负"、"事权"和"财权"划分等问题，避免狭隘的税收公正观。此外，还须理性、科学地应用现代税收征管技术，推动德法联动、征用联动、监督联动，以便更好地发挥现代技术的积极作用，同时警惕技术可能带来的异化和风险。

（原载《深圳特区报》，2020-09-22）

# 13/ "初衷悖论"乃现代财税必须直面的挑战

党的十九大报告提出要"更好发挥财政在国家治理中的基础和重要支柱作用"。前总理温家宝同志在答记者问时指出:"一个国家的财政史是惊心动魄的。如果你读它,会从中看到不仅是经济的发展,而且是社会结构和公平正义的程度。"这一观点引发了广泛的共鸣。日本财政学者神野直彦也认为:"财政是连接三个子系统的不可或缺环节。三个子系统通过财政形成了'整个社会',因此,'整个社会'的危机必然归结为财政危机。"由此可见,财政治理处于国家治理现代化的核心与枢纽地位,财税治理的优劣直接决定了国运的兴衰,并影响每个国民日益增长的"美好生活"需求的满足程度。

问题在于,由于多种主客观因素的影响,财政管理公共资金收支、提供和生产公共产品与服务的初衷,往往与实际效果相背离,进而形成所谓的财政"初衷悖论"。毋庸讳言,财政"初衷悖论"是一个普遍存在的现象,古今中外均有所体现,唯一的区别在于其表现的规模和程度不同。然而,在中国的财税改革过程中,财政"初衷悖论"尤为突出,成为必须正视的现实问题,也是财税改革面临的最大瓶颈。从逻辑上看,如何突破这一"瓶颈",直接关系到现代财税改革的成败,也决定了国家命运的走向和每个国民对"美好生活"需要的满足。

现代财税治理是一整套涵盖公共资金收支权利与义务的道德规范和法律规范体系,所谓财政"初衷悖论",可以理解为人类制定财税制度的初衷，其最终目标无疑是增进全社会及每个国民的福祉，满足不断增长的"美好生活"需要。具体而言，现代财税治理的目的不仅限于推动物质财富的积累和经济活动的繁荣，还包括促进精神财富的积累、文化产业的蓬勃发展，以及推动人际关系的和谐与社会安全。它同样致力于保障政治清明、法治公正、德治良善、道德提升和生态环境的保护等方面。或者正如一些流行观点所言，财税治理的目标还包括更好地聚财和花钱，进行宏观经济调控，促进国民收入的公平分配等。从逻辑上来看，任何偏离这些目标的财税现象，都可以视为财政"初衷悖论"，都意味着财税治理未能实现其预期目标，或者在某些方面出现了局部失误。

深究其因，财税"初衷悖论"的根源在于公共资金收支权利与义务的分配是否公正和平等，而这一切都以财税权力的合法性和合意性为前提条件，特别是其是否能够在使用过程中实现有效的"闭环式"监督与制衡。换句话说，导致财税"初衷悖论"的首要原因在于财税权力的合法性及其监督机制的有效性。财税权力的合法性直接决定了公共资金收支权利与义务分配的公正性和平等性，尤其是在国民与国家、纳税人与征税人之间的基本权利与义务交换是否符合完全平等的原则，非基本权利与义务的交换是否遵循比例平等的原则。进一步说，财税治理的有效性不仅取决于税收等财政收入筹集的数量和过程的道德性与文明性，还取决于公共资金是否能够按预算有效分配，是否真正实现"用之于民"。换句话说，政府提供的公共产品和服务是否符合大多数国民的需求，是否能够足量及时地满足社会的需求。

因此，解决财政"初衷悖论"的关键在于解决财税权力的合法性与合意性问题，确保财税权力的使用符合公共利益，并实施"闭环式"监督机制，保障财政收入与支出的透明性和公正性。显然，民主制度的建立与完善，为解决财税权力合法性问题提供了基础，而"闭环式"有效监督机制的建立，也必然依赖于民主制度的完善。

当然，这并不是说，在现代民主制度完善之前，面对财政"初衷悖论"的挑战，我们可以选择毫无作为，静待民主制度的完善，或期待"闭环式"有效监督机制自然而然地生成。事实上，考虑到财税治理系统在国家治理体系中的关键地位，财税改革应当主动推进，并反作用于国家治理体系的其他改革。当前学界普遍认为，财税改革不仅是政治体制改革的"突破口"，而且由于其成本相对较低、风险较小，因此被认为是政治体制改革的"最佳突破口"。

财税制度由财税道德和财税法构成，优化财税制度也意味着这两个领域的同步优化。首先，应通过良好的财税道德规范，借助舆论与教育的力量来调节财税行为，特别是政府财税行为的规范。其次，还需要通过完善的财税法律体系，借助暴力与行政强制的手段来调整和规范那些具有重大社会效应的财税行为，尤其是对政府财税行为的规范。

由于道德是法律价值体系的基础，因此在制定财税法之前，必须先确立优良的财税道德。这是因为，优良的道德规范并非可以随意制定，而是需要基于对社会道德终极目的及人际利益行为规律的深刻理解，确保从根本上获得真理性的道德价值。只有在此基础上，才能通过道德价值的判断，推导出相应的规范。制定优良的财税道德规范，也必须以对财税制度终极目的及其相关行为规律的正确理解为前提。从这一认知出发，通过真理性的财税道德价值及其判断，才能确保财税道德规范的科学性和公正性。

根本上来说，财税道德规范体系与财税法律规范体系的优化，必须按照这种程序方可实现。任何一个环节的缺失或滞后，都可能影响财税制度整体优化的效果，甚至加剧或引发财政"初衷悖论"现象的扩大。此外，鉴于财税权力本身具有天然的自利性、贪婪性和潜在的破坏性，必须建立有效的监督与制衡机制，才能确保财税权力不被滥用。因此，应该通过财税权力相互制约，即通过法律与行政手段对财税权力进行制约，防止"初衷悖论"现象的加剧。同时，非财税权力也应受到制衡，尤其是通过舆论和教育等社会力量来对非财税权力进行监督，以防止"初衷悖论"问题的进一步扩大。

同时，导致财政"初衷悖论"的原因，除了财税权力本身的缺陷外，还可能涉及"资本""组织"和"信仰"等因素。美国学者约翰·肯尼思·加尔布雷思曾指出："就权力的行使手段而言，人格、财产和组织作为权力的最终来源，几乎常常是相互联结、一起出现的。"因此，必须对这些构成资源型"权力"的因素进行道德与法律上的制衡，防止它们对财政"初衷悖论"的诱发和加剧。具体来说，需要通过非权力手段，如舆论和教育的社会监督力量，来对这些资源型权力进行有效的制约；与此同时，必须通过合法的暴力强制手段与行政强制手段，对权力的行使进行有效监督，确保其不偏离其初衷。无论如何都不能忽视英国历史学家阿克顿的警告告诫："权力导致腐败，绝对的权力导致绝对的腐败。"简言之，财税权力的腐败是导致财政"初衷悖论"问题长期存在、广泛蔓延的根本原因。

总之，对财税权力实行"闭环式"有效监督是消解财政"初衷悖论"大规模产生的根本途径与核心手段。财政"初衷悖论"现象的背后，几乎都直接或间接与财税权力的合法性以及其"闭环式"监督机制的有效性息息相关。对于中国来说,要真正发挥现代财税金融体系在国家治理体系中的"基础性和关键性支撑作用",必须直面财政"初衷悖论"这一最大"瓶颈"问题,集中力量攻克财税权力有效监督的难题。简言之,不忘初心,方得始终,现代财税体制改革亦然。

(原载《澎湃新闻》,2020-11-26)

# 14/ 优化税制结构不能"缺德"

不久前，刚刚颁布的《"十四五"规划》明确提出要"完善现代税收制度""优化税制结构"。这一目标引发了财税学界和社会各界的广泛关注，学者们从不同学科角度进行了诠释和解读。除了常规的学术分析，也可以从伦理学视角切入，思考如何"优化税制结构"以及这一过程应采取的具体实施举措。从这个角度来看，缺乏伦理支撑的税制结构优化难以走得长远，缺少道德基础的改革缺乏动力。

然而，所有改革的前提是必须弄清楚"税制结构"的内涵与本质。不可否认，以往在税制结构优化方面，存在对"税制结构"的过于浅薄和表面化的理解。因此，虽然我们在谈论"完善现代税收制度"或"优化税制结构"时，往往会陷入自说自话的局面，这自然无法为税制改革带来实质性的结构性优化。

普遍观点认为，"税制结构"是指税收制度内部的分类、层次、构成、比例以及各要素间的相互关系。它是社会经济制度及其变动在税收领域的反映，是社会经济现象在税制中的具体现象。这种理解认为，"税制结构优化"仅仅是税种、纳税人、税率等具体要素的调整与变化，包括"征管层次和地区、部门间的税类、税种组合和协调"。

但从伦理学视角来看，"税制结构"不仅仅有规范意义上的结构，更有伦理意义上的结构。也就是说，税制结构不仅有基本的结构，还有完整的结构，甚至更深层次的结构。

第一，税制有基本结构。税制的基本结构由税制的形式与内容两部分构成。税制形式即税制规范，具体包括税收道德和税法。问题在于，税收道德和税法作为形式规范，实际上只是税制内容的外在表现形式，它们通过一系列具体的要素表现出来。因此，"优化税制结构"必须同步进行"内容与形式"的优化，即税制价值和税制规范需要协调一致。优良的税收道德为优良税法提供价值导向，而税法的执行则反过来检验税收道德的实践。

第二，税制有完整结构。包括税制价值、税制价值判断与税制形式（税收道德和税法）。税制价值判断是税制价值的外在表现，是税制价值与税制规范之间的桥梁。优化税制结构不仅需要真理性的税制价值，还需要正确的税制价值判断，只有这样才能导出优良的税制规范。因此，税制的完整优化，必须包括税制价值、税制价值判断及税制形式的协调与优化。

第三，税制有深层结构。包括税制终极目标、税收征纳行为规律、税制价值、税制价值判断与税制形式等五个要素。税制价值的真理性，既取决于对税制终极目标的正确认知，也取决于对征纳行为规律的深入理解。只有当税制价值与其相关行为规律相一致时，才能建立起真正符合公共利益的税制结构，进而达到优化税制结构、完善现代税收制度的目标。

从伦理学视角来看，《"十四五"规划》提出的"完善现代税收制度"和"优化税制结构"的目标，显然是一项艰巨而复杂的任务，充满挑战和不确定性。除了税制理论的创新和税制实践中的具体推进，改革还须面对来自传统体制的惯性阻力。因此，必须用系统论的视角来全面审视"完善现代税收制度"和"优化税制结构"面临的挑战，并在此基础上构建官民共治的财税制度现代化推进体系。

税制改革不应仅仅停留在规范层面的具体要素微调上。它应当突破惯性思维,进行税制结构领域的理论创新。从税制的基本结构、完整结构和深层结构出发,进行实质性的系统性、结构性、现代性、科学性的优化,探索符合时代要求的税制改革路径。特别需要强调的是,我们必须重视并加强对税制终极目标和行为规律的科学认知。这不仅有助于实现《"十四五"规划》中的财税改革目标,还能促进每个国民不断增长的"美好生活"需要的满足。

简言之,现代税收制度和优良税制,是以社会主义核心价值观为根本导向的税制,它是社会主义核心价值观在税收体系中得到全面制度性"嵌入"的具体体现。

现代税收制度,或者说优良税制,首先意味着它应该有助于全社会和每个国民"美好生活"需求的满足。在一般情况下,税制应当能够平衡征纳主体的利益,避免发生根本性冲突,从而确保不伤害任何一个国民的利益,并能有效满足每个国民的"美好生活"需要。然而,在利益发生根本性冲突、无法两全的情况下,税制应当优先保障大多数国民的利益,满足大多数国民的"美好生活"需要。其次,优良税制意味着它应当尊重纳税人作为人的基本尊严,真正贯彻"未经纳税人和国民同意,不得征税和用税"的治理原则。具体来说,这种税制应当真实地体现和反映纳税人的涉税意志,即在税制规范(包括税收道德和税法)面前人人平等。它应符合平等、法治和有限政府等一般道德原则,同时也应遵循民主、市场自由等具体道德原则,以确保税制的公正性和合理性。再次,优良税制意味着它是公正和平等的。具体来说,涉税主体之间的权利与义务分配和交换应当符合完全平等与比例平等的原则。税负的"谁负"问题能够得到有效解决,而征税人一侧的权利与义务分配和交换,诸如官员之间、上下级、代际、区际以及物际之间的涉税权利与义务分配，也应当遵循完全平等与比例平等原则。当然，核心和根本之处在于，征税人与纳税人之间的权利与义务分配与交换，既符合完全平等原则，也符合比例平等原则。关键在于税权是否拥有坚实而广泛的民意基础，以及税权使用过程中的监督机制是否形成有效的"闭环"，从而确保税收不仅能够"取之于民"，还能够"用之于民"，并且能够"用之于民之所需"。最后，这种税制应当符合诚信、便利与节俭等重要道德原则，尤其是在征税和用税的透明度方面，必须确保相关问题得到有效解决。

当然，鉴于现实的复杂性、实践的可操作性以及未来发展环境的不确定性，《"十四五"规划》提出的"完善现代税收制度"与"优化税制结构"的目标不可能一蹴而就。最佳的推进方式是采取"小步快跑"的策略，选择成本和阻力最小的路径，逐步推进税制改革。

无论如何，优化税制结构不能"缺德"，必须建立纳税人利益表达机制、财政收支活动的互动监督机制，加强预算透明度，完善纳税人权利保障机制，发挥现代财税技术优势等。这些都是税制改革的基础性目标，对于整体推进税制优化具有深远意义。总而言之，《"十四五"规划》提出的"完善现代税收制度"和"优化税制结构"的目标只是起点，而非终点。中国的税制改革和完善前景光明，但也充满挑战。要实现这些目标，不仅需要客观理性的理论创新和切实可行的实践推进，更需要治国理政的大智慧与胆略来引领和推动。

（原载《澎湃新闻》，2020-11-26）

# 15/ 现代财税岂能少了"世界眼光"

　　《"十四五"规划》明确提出要"建立现代财税金融体制"，这一目标无疑是针对中国当前面临的复杂国内外挑战而提出的。从不同的视角看，针对这一目标的实现策略与措施也会有所不同。全球化的时代，现代财税治理的讨论怎能忽视"世界眼光"？我们应当"从中国看中国"，但更要"从世界看中国"。

　　因此，"中国的财税问题"与"财税的中国问题"成为当下探索国家财税治理体系现代化的关键出发点。"中国的财税问题"是指发生在中国境内的财税问题，主要关注单一的财税领域问题和财税治理具体要素的优化；而"财税的中国问题"则不仅仅是关于"财税"的问题，它涉及中国在财税领域面临的所有问题。对"中国的财税问题"的探索，通常假定现有财税治理框架和体系已经接近最优，因此更多关注具体财税要素的优化问题，习惯于"从中国看中国"的视角来分析财税问题。例如，研究焦点可能集中在税负的"谁负"、税率的高低、税种的组合与选择、税权责任的内部监督以及纳税服务等方面。此外，预算的"谁用"、政府的"谁花"和"花多少"、事权与财权的划分等问题也常常是关注的重点。此类研究的专家与团队不仅在投入上具有较大规模，且成果也相对丰硕。

　　但是，在"财税的中国问题"研究中，明显存在被财税学界有意或无意忽视的问题。许多学者普遍认为，目前中国的财税体制处于"次优"阶段，尚不完备，也并非完美无缺，仍然存在结构性优化的空间。因此,学者们倾向于从更广阔的视野出发,探索中国在财税领域面临的重大历史性和现实性问题,进而乐于采取"从世界看中国"的研究方法。这种趋势一方面源于政府主导的课题往往更具实用性和操作性,另一方面,也与研究者的学术立场、价值追求、学科背景和知识结构等因素密切相关。

无疑,"财税的中国问题"的研究者并不否认对具体要素优化问题的研究重要性与必要性,然而他们更侧重于征税过程的透明度,以及征税人与纳税人之间权利与义务的平等交换。这不仅涉及基本涉税权利与义务的完全平等交换,还包括非基本涉税权利与义务的比例平等交换,尤其关注税收治理是否能够实现其终极目标。同时,他们也特别关注政府"取之于民"的税收和公共资金是否真正"用之于民",尤其是是否"用之于民之所需"。换句话说,政府"用之于民"的税收等公共资金,是否能够及时提供高性价比的公共产品与服务,并满足每个国民日益增长的"美好生活"需要。

毋庸讳言,当前中国面临的国民收入分配不均问题,与财税治理核心问题的滞后密切相关。由于财税权力监督机制尚处于"初级阶段",导致公共产品的供给存在严重的不平衡与结构性失调。比如,基本物质层面的公共产品(如养老、医疗、就业、教育等)供给不足,社会层面的公共产品(如尊严、自由、爱等)存在缺失,高级层次的公共产品(如精神文化、创新支持等)的供给也显得极为薄弱。

鉴于权利是基于权力保障下的利益索取或要求,而义务则是基于权力保障下的利益奉献或给予,权力的合法性与合意性,以及对权力的有效监督,成为了权利与义务分配与交换是否公正平等的必要前提。与此类似,财税治理体系的结构合理性与基础稳固性，也依赖于财税权力是否具备广泛且牢固的民意基础，并且是否有有效的监督与制衡机制。

逻辑上讲，现代财税治理体系能否实现整体优化，其突破口就在于财税权力授予机制的优化，以及监督制衡机制的"闭环性"和有效性。财税治理必须做到"情为民所系，权为民所用，利为民所谋"，同时"加强对权力运行的制约和监督，让人民监督权力，让权力在阳光下运行，把权力关进制度的笼子里"。这是因为，只有当财税权力具有合法性并能接受有效监督时，法定和道德规范体系才可能是优良和先进的。反之，若缺乏有效的监督和制衡，财税权力的滥用则会导致法定和道德规范体系的低劣与落后。众所周知，整个国家的财税治理体系，一方面是由调节所有财税利害关系的道德权利与义务规范构成，另一方面由调节重大财税利害关系的法定权利与义务构成。前者为后者提供价值导向，后者则是前者的底线保障。二者相辅相成，共同推动财税治理的健康与公正。

因此，要全面优化中国的国家财税治理体制，充分发挥财税治理在国家治理现代化和能力现代化中的基础性与支柱性作用，既需要深入探索"中国的财税问题"，也需要对"财税的中国问题"进行全面反思。总之，对于中国而言，面对"三千年未有之大变局"是挑战也是机遇。关键在于，在研究中国财税治理现代化问题时，我们必须具备全球视野，"要从世界来看中国，而不是仅仅从中国看世界"。在全球化与信息技术迅速发展的今天，中华民族唯有以更加开放的胸怀与姿态主动融入世界财税治理的文明潮流，才能实现可持续的繁荣与发展。

（原载《澎湃新闻》，2020-12-03）

# 16/ 优化财税制度　提高治理水平

　　财税可以兴国，也可能误国。财税体制对国家的命运具有决定性影响。优良的财税制度与治理能够推动国运的兴旺，而不完善或恶劣的财税体制则可能加剧国家的衰败与困境。历史和现实都充分证明，财税在国家建设与生存竞争中的地位至关重要。无论是欧洲现代国家的历史经验，还是中国古代每次改朝换代的财政危机，均表明财税问题与国家命运紧密相连。马克思与恩格斯认为，"捐税体现着表现在经济上的国家存在"；戈德斯契德指出，每个社会的问题"说到底都是财政问题"；德国经济学家瓦格纳认为，财政是连接政治、经济与社会三大体系的关键环节；学者王绍光则认为，"改造公共财政是政治改革的最佳切入点"。

　　遗憾的是，近现代以来，尽管为了中华民族的伟大复兴，曾先后有过"实业兴国""教育兴国""科技兴国"等主张和呼吁，但关于"财税兴国"的倡导却鲜有出现，有意无意忽视了财税在国家治理体系中"基础性、支柱性、保障性"及"枢纽性"等独特作用，未能将其作为推动国家富强、促进国运兴旺发达的"最佳切入点"或"突破口"。百年来华夏民族的不幸，多与此一认知误区有关。时至今日，如何在中国式现代化建设中充分发挥财税的核心作用，如何加速实现中华民族的伟大复兴，已经成为"百年未有之大变局"背景下，全球化与逆全球化交织、科技飞速发展的新时代所面临的重大国家治理课题。面对这一历史机遇与挑战，我们必须正视财税问题，深入思考和推动相应改革，不能回避，更不能延误。

财税的优劣与国家的兴衰密切相关，这一点毋庸置疑。然而，问题在于：财税的优劣究竟是如何影响国运的？具体机制又是什么？只有弄清楚这些问题，我们才能准确识别和把握财税制度在国家兴旺发达中的核心作用，从而更有效地发挥财税在促进国运繁荣中的"四两拨千斤"的独特功能与影响力。一方面，从财税的数量维度来看，表面上似乎政府征收的税与非税越少越好。因为征税意味着纳税人可自由支配的财富减少，意味着个人或家庭的消费购买力下降，或者可用于再生产的资金减少，还可能影响创业的动力与信心等。然而，从根本上看，纳税人的缴税目的是从政府那里获得满足其公共需求的公共产品，从而最大限度地实现个人的幸福与社会的福祉。在这种情况下，税收的多少并不是单纯的衡量标准，高税负并不必然意味着负担过重，而是能够为高福利提供支撑的基础。关键在于"取之于民"的税收，是否能够"用之于民"，尤其是能否"用之于民之所需"。换句话说，纳税人是否能够及时、持续地从政府获得高性价比且结构合理的公共产品与服务，是否能够实现国民与国家之间基本财税权利与义务的完全平等，且非基本财税权利与义务的比例平等。另一方面，从税收与非税收入的征收和使用质量角度来看，也存在征收的文明程度与道德性高低的问题。例如，征税和用税是否得到了国民的充分同意，是否遵循法治原则，是否尊重公平与正义等。毋庸讳言，税收与非税收入的征收和使用过程越是文明、透明、符合人道、自由、法治等公正平等的道德价值，它就越能促进全社会的福祉提升，进而推动国家的兴旺与发达。反之，则会加剧国运的凋敝与衰落。

从财税如何影响国运兴衰的基本途径来看，财税制度的优劣与国运的兴衰关系更为直接和紧密，而财税治理与国运的关系相对较弱。换言之，财税制度越优良，国家的经济与社会发展就越加繁荣；财税制度越落后，国家的经济和社会状况就越可能衰退。至于财税治理的善恶，虽然在一定程度上会影响国运的兴衰，但这种影响并不如财税制度本身那样具有根本性和决定性。因为财税治理的实质是财税制度规则（包括财税的道德与法律）的执行与保障，而其效果和成效是建立在财税制度的基础之上的。换句话说，只有在优良的财税制度框架下，财税治理才能发挥其积极作用，促进国运的兴旺；而如果财税制度本身存在缺陷或落后，财税治理就很难带来预期的效果，反而可能加剧国运的衰退。这一观点可以从"制度"与"治理"的关系中得到进一步的理解。制度和治理是一种相辅相成、主次分明的关系。制度是"大体"，决定着国家治理的基本方向与框架，而治理则是"小体"，即在具体实施层面上对制度的执行与完善。正如有学者所言，国家治理的核心问题在于"制"与"治"，即制度与治理。一个国家的治理体系离不开制度的建设和治理的实施，二者相互依存，共同构成国家治理的完整性。正如王海明教授所指出，国家制度是"建构因素，是决定性、根本性和全局性的"，而国家治理则是由"人的因素"所决定，是"被决定的、非根本的、非全局性的"。国家制度的优劣直接决定了国家治理的好坏，国家治理的成效则是制度优劣的具体表现。这一思想可以追溯到历史上的许多政治家和思想家的共识。毛泽东曾说，"制度决定一个国家走什么方向"。邓小平也反复强调，"制度是决定因素"。简而言之，"国家制度是安邦定国之本，国家治理是经国序民之基"。

推而可知，第一，财税兴国是一个系统性的、宏大的工程，涉及多个层面的创新与优化。一是它包含税制和税治理论与实践的持续创新和完善；二是它涉及预算制度和预算治理理论及实践的不断更新；更为重要的是，它还涵盖财税制度与财税治理的整体性改进。因此，要充分发挥财税在促进国运兴旺发达中的积极作用，必须实现"三大系统"的协同创新与优化。首先，必须聚焦于三大财税制度体系的全面创新与突破，其次是对财税治理体系的全面优化与提升。第二，财税制度的创新突破是财税兴国的根本前提和首要任务。既然财税制度的创新对国运兴旺发达的促进作用大于财税治理优化，从逻辑上讲，财税制度创新与突破便是财税改革与现代化的核心任务。为此，必须大力支持和激励那些致力于优良财税制度创新的个人与团队，鼓励财税改革在这一关键领域取得突破，而非仅仅停留在财税制度与治理的枝节性调整上。第三，正义的奠基是财税兴国的根本路径。正义不仅是财税改革的核心价值导向，还是促进国运兴旺发达的关键要素。霍尔巴赫曾指出，"公正是社会权力和权威的真正基础"；斯密认为，"正义是支撑整个大厦的主要支柱"；而当代正义理论的代表人物罗尔斯则提出，正义"是构建一个组织良好的人类联合体的基本宪章"。可以说，虽然"仁爱"是人类的美德，但正义作为社会秩序的根基，其重要性和必要性远超"仁爱"。因此，正义是财税制度与治理的基础，决定着财税体制能否有效促进国运的兴旺。第四，人道主义价值的引领是财税兴国的最高诉求与基本路径。只有将人道自由价值深深嵌入财税制度与治理的实践中，才能为财税体系的可持续创新注入源源不断的动力。自由不仅是每个人全面发展的必要条件，也是社会进步与繁荣的必要前提。正如诺贝尔经济学奖得主阿马蒂亚·森所言，自由具有"内在价值"，是社会健康发展的基石。第五，增进每个国民的利益或福祉是财税兴国的终极目标。财税主体的多样性决定了财税制度与治理目标的复杂性，但其终极目的无外乎是"增进国家和民族中每个国民的整体利益与福祉"。这是国家建立财税制度、实施财税治理的最终目标，也是评判财税制度优劣与财税治理成败的核心标准。若能在社会中提升每位公民的福祉，公共产品的性价比得到大幅提高，那么财税制度与治理就愈加优良，有助于国运的兴旺与发展；反之，则可能加剧国运的衰退。同时，提升全社会及每位国民的整体福祉不仅是财税改革的核心目标，它还肩负着协调与解决财税制度及治理内外价值冲突的责任。如何在平衡不同利益主体的需求和权益之间找到合适的切入点，是国家治理的重大课题。第六，财税治理的全面优化是实现财税兴国的重要途径。财税治理的优化过程，实际上是财税制度规则得以充分执行和落地的过程。财税制度的执行越全面、越细致，其对国运的积极推动作用就越大。相反，若财税制度与治理得不到有效执行，则对国运的正面影响将会大打折扣。

总之，各国和民族在推进国运兴旺发展的道路上拥有自主选择的权利，可以根据本国国情与时代背景选择不同的策略和方案。但无论如何，只有遵循并敬畏财税制度和治理的规律与原理，才更具可行性和可持续性，能够真正促进国运的繁荣发展。习近平同志在党的十八届三中全会上曾明确指出："全面深化改革，财政改革是重点之一。"在推进国家治理体系与治理能力现代化的过程中，必须深刻认识到财政在国家治理中的独特地位与作用。

（原载《深圳特区报》，2023-04-04）

# 17/ 政府"开源"的可能性与风险

任何政府的存在与持续，必须以为全社会和每个国民提供必要的公共产品为前提。为了实现这一点，政府首先需要筹集基本的公共产品生产资金。然而，资金的筹集只是第一步，关键在于如何公正、平等地使用这些资金，并确保所提供的公共产品具有高性价比。

众所周知，政府的"开源"通常依赖于两种主要途径：税收收入和非税收入。因此，政府税收收入和非税收入的增速、规模以及其结构安排，直接或间接地影响着社会的文明进程和整体发展水平。

## "开源"曾经得心应手的背后

1994年，分税制改革的第二年，我从高校调入税务机关，因此有幸近距离观察和亲历了二十多年的中国税制改革。在这期间，中国税收收入连续多年高速增长，各级政府的财政状况确实"不差钱"，这一点毋庸置疑。然而，除了长期良好的宏观经济形势外，究竟还有哪些被忽视的重要因素，导致中国政府在"开源"方面如此得心应手呢？根据我的观察，税务机关的征管能力几乎没有受到限制，并且持续得到显著提升，成为其中的主要原因之一。具体表现为：

第一，税务人员的构成和综合能力不断优化和提升。从文化素质角度来看，随着越来越多的新人进入税务系统，税务人员的结构逐渐发生优化，尤其是在文化程度上逐年提高，逐步改变了以往干部招录和转业军人占比较大的传统结构。同时，由于税务部门对人员培训的力度不断加大，税务人员的综合素质也在不断提升。

第二，税务征管模式不断创新和优化。从 1995 年的"以纳税申报和优化服务为基础，依托计算机网络，集中征收，重点稽查"的"30 字"模式，到 1997 年提出的"一个制度，四个体系"（即纳税人自行申报纳税制度、税务机关与社会中介组织相结合的服务体系、基于计算机网络的管理监控体系、人工与计算机结合的稽查体系以及以征管功能为主的机构设置体系），再到 2001 年提出的"科技加管理"模式，明确要求征管信息化和专业化，以及到 2003 年，在"30 字"模式的基础上进一步补充"强化管理"，最终形成了"以纳税申报和优化服务为基础，依托计算机网络，集中征收，重点稽查，强化管理"的"34 字"征管模式。近年来，还提出了"互联网＋税务"模式，进行了国地税征管机构的改革，并在 2014 年后全面推行基于绩效考核的压力型管理体制改革。此外，未来还将试点推行的"数字人事"管理创新等。这些措施共同推动了税务机关征管能力和效率的提升，尤其是在税源管理、稽查和纳税服务等方面。

第三，征管手段加速现代化。分税制改革后不久，中国税收征管便实现了从手工作业到计算机操作的转变，尤其是 CTAIS 系统以及金税一、二、三期工程的实施与运营，显著提升了税务机关的征税能力，显著提高了征管效率。

随着税务人员综合素质和知识结构的优化、征管模式的不断创新，以及征管手段的现代化进程，整体上大幅提升了税务机关的征管效率。这些变化有效缩小了征管漏洞，减少了纳税人逃税的机会，从而确保了税收收入增速的可持续提升和税收总量的不断增长。

因此，除了宏观经济形势的长期向好、地方政府对税务机关的奖励性政策和利益诱导之外，分税制改革时政府根据当时的征管能力和财政需求设定的增值税等税种的高税率所提供的"应收尽收"法制空间，也是推动中国税收长期高速增长的重要原因之一。所有这些因素相互作用，使得税收增长成为一种逻辑上的必然。

进一步"开源"的可能性与风险

问题在于，一旦宏观经济形势走弱，长期下行，甚至出现"断崖式"危机，加之财政公开透明、阳光工资的实施，以及高层反腐力度的持续加大，地方政府对税务机关的奖励性政策和利益诱导作用将大幅减弱。同时，现行税制所能提供的"应收尽收"法制空间逐渐缩小，基层税务人员在反腐和阳光工资政策下可能面临懒政等新问题。这些因素使得税务征管能力提升的空间越来越有限，不可能继续大幅度地提升。

众所周知，自 2013 年以来，中国政府的税收收入增长开始减速，尤其是在宏观经济形势日益严峻的背景下，税务机关的征管能力和效率面临新的挑战和更高要求。

如果说 1994 年中国税制改革的背景是机遇与风险并存，但机遇大于风险，那么当时的风险主要来自政府内部，即"两个比重偏低"——中央财政收入占财政总收入比重偏低、中央财政收入占 GDP 比重偏低，这些问题可以通过分税、分权、分机构的改革来化解。然而，新一轮税制改革所面临的形势，则是机遇与风险并存，但风险却大于机遇，而且这些风险主要来自政府外部，即新的"两个比重偏低"——居民收入占国民收入的比重偏低，劳动报酬在初次分配中的比重偏低。问题的关键在于，如何化解这些风险，除了明确各级政府和部门的事权与财权，建立"闭环式"税权监督机制外，还需要建立一个有效的纳税人利益表达机制。因为，新一轮税制改革面临的根本挑战是政府所提供的公共产品的低性价比和低合意性。具体表现为，公共产品的供给往往与民众需求脱节，或者合意性极差，未能真正满足民众的期待。

因此，未来税务机关将面临两方面的挑战：一方面是政府刚性财政需求的压力；另一方面则是税务征管能力与效率提升空间的逐渐收窄，以及税务人员队伍原动力不足等新问题。坦率而言，在日益严峻的经济形势下，面对绩效考核、数字人事等新的内部管理压力，以及隐性"一票否决"税务文化的惯性，税务机关及其各级领导可能采取理性自利的应对策略：一是将绩效考核压力向下传导，企图通过转嫁责任来自保；二是积极借助高新技术，推动"互联网＋税务"与国、地税征管机构改革，尽快提升信息化管税的能力与效率；三是可能采取"击鼓传花"的方式，通过寅吃卯粮等收取"过头税"的手段，暂时渡过难关，延缓财政压力的爆发。

在当前严峻的经济形势下，各地税务机关面临的挑战和压力各不相同，这主要源于各地区经济发展不平衡、税源丰裕程度的差异、税务人员结构与素质的差距，以及征管现代化基础的落差等因素。各地税务机关的实际承受压力也因此存在显著差异，导致了不同地区采取了形形色色的应对措施。可以直言不讳地说，如果宏观经济下行趋势不能在短期内得到明显改善，各地税务机关无论快慢、早晚，都将不可避免地遭遇前所未有的组织收入挑战和压力。

在这种情况下，税务机关将不得不面对转型社会中可能出现的许多系统性风险。正如历史所警示的，英、法、美等国曾因税收问题引发大规模的系统性社会风险，这些历史教训不容忽视，必须从中吸取经验教训，以避免重蹈覆辙。

当然，政府也可以通过非税收入等途径组织收入。实际上，近年来，随着税收收入增速的放缓，中国政府的非税收入却呈现出高速增长的趋势。例如，2015 年，全国公共财政收入中的非税收入达到了 2.7 万多亿元，同比增长 10.6%，这一增速高于税收增速的 5.8 个百分点，且占一般公共预算收入的比重高达 18%，比 2010 年提高了 12 个百分点。然而，随着时间的推移，非税收入的增长空间也将逐渐缩小，其增长潜力会日益有限。

## 税外"开源"的猜想

毋庸置疑，税收收入是政府可支配收入的主要来源。然而，除了税收，政府还可以通过非税收入的途径筹集资金。换句话说，如果中国的宏观经济形势在短期内未能明显改善，政府为了维持刚性财政需求，可能会选择其他途径和手段，例如继续通过"铸币税"增发货币、借债融资、财政补贴国有企业，或通过保障增值税链条的畅通等方式筹集资金。

如果选择通过"铸币税"筹集资金，长期来看，将引发恶性通货膨胀，类似于"饮鸩止渴"。这种做法会严重影响国家汇率水平，扰乱进出口秩序和金融秩序，削弱财政政策和货币政策的有效性，进而损害人民收入与生活水平，削弱国家竞争力，并影响国际地位与声誉，最终引发系统性社会风险。

如果选择通过"借债"筹集资金，最终债务负担将转嫁到纳税人身上，实质上是一种变相征税。这不仅要求国民承担利息支付，还可能增加未来的财政压力。

如果选择通过"财政补贴国有企业"筹集资金，将允许国有企业继续积累"病态"行为，妨碍市场经济体制的进一步完善。这不仅会削弱市场在资源配置中的作用，还可能压制企业家精神和创新潜力，减弱中国企业可持续发展的动力。

如果选择上述方式筹集公共资金，实际上会背离供给侧结构性改革的初衷。真正的供给侧结构性改革，旨在通过在"供给侧"发力，促进和保障整个社会供求关系的高效动态平衡，从而提供"高性价比"的优质公共产品与私人产品，最终增进全社会和每个国民的福祉。具体而言，供给侧结构性改革应通过总量减税、结构性减税，缓解普遍性、表层的"税痛"；通过降低间接税比重、提高直接税比重，逐步构建"直接税为主、间接税为辅"的税制格局；通过财政透明、预算公开，建立财税权力的长效监督机制，解决征税人与纳税人之间的权利与义务不公问题；通过扩大税权民意基础，建立利益表达协调机制，确立纳税人主导的税制。

当然，在社会主义初级阶段，由于财政权力缺乏"闭环式"监督与制衡机制，政府为了维持国家机器的正常运转，开源聚财的手段不仅限于上述方式，可能还会采取其他隐性或显性的手段，比如在"开源"的同时进行"节流"。

（原载《腾讯·思享会》，2016-03-13）

# 第二辑　机　理

# 01/"互联网＋税务"必须再"＋纳税人权利"

"互联网＋"的兴起已席卷大江南北，迅速成为各行业的潮流，税务领域亦不例外。随着"互联网＋税务"的兴起，税务工作将进入一个全新的时代，既充满机遇，也充满挑战。其影响到底是福还是祸，尚未可知，未来充满不确定性。

从广义上讲，"互联网＋税务"涵盖了税收立法、税收执法与税收司法等各个方面。狭义上，它主要指互联网与税收征管执法的结合。作为互联网思维的产物，"互联网＋"代表着一种先进的生产关系，它有望推动经济、政治、文化、法治、道德等多个社会形态的变革。因此，互联网技术在税务领域的应用，不仅会促进税收征管的效率提升，还可能推动税收立法、执法、司法等环节的创新与革命。

问题在于，如果"互联网＋税务"未能有效处理税收立法、执法与司法三者之间的相互关系，仅仅将互联网作为提高政府聚财能力的工具与手段，那么，逻辑上，"互联网＋税务"可能会变成单纯增强政府征管能力、迅速扩大税收规模的手段。换句话说，如果只关注政府收入的提升，"互联网＋税务"可能会导致民间资本的加速流失，税负加重，从而抑制了纳税人的创造潜力。简言之，若无法合理平衡各方利益，"互联网＋税务"可能会加剧征纳双方在权利与义务分配上的不公，既加剧纳税人之间的不平等，也加剧税务机关与纳税人之间的关系紧张。这种失衡势必削弱社会整体福祉，导致经济活力下降，长期下来可能会使全社会的创新动力和可持续发展潜力受到极大压制。

因此，要让"互联网＋税务"发挥更大的社会效益与正面作用，必须在提升税务征管能力的同时，注重促进互联网＋税收立法、互联网＋税收执法、互联网＋税收司法等多方面的协同发展，而不能仅仅关注"互联网＋税收执法"这一单一方面，忽视税收立法和税收司法的建设。换句话说，"互联网＋ 税务"不应仅仅是为了提升政府税务机关的收入征管能力，追求短期的经济效益，而应着眼于长期的社会公正与法治建设，推动纳税人权利的保障和完善。

具体而言，"互联网＋税务"应当注重保障纳税人的基本权利。根据《中华人民共和国税收征收管理法》规定，纳税人享有的基本权利包括：知悉权、要求保密权、申请减税权、申请免税权、申请退税权、陈述和申辩权、复议和诉讼权、请求国家赔偿权、控告和检举权、请求回避权、举报权、申请延期申报权、取得代扣代收手续费权、申请延期缴纳税款权、索取完税凭证权、索取收据或清单权、拒绝检查权、委托税务代理权等。这些权利的保障不仅体现了税务治理的公平性和透明性，也能促使政府和税务机关在实施税务政策时更加规范、合理，避免权力的滥用和纳税人的不公正对待。

当然，从根本上来说，"互联网＋税务"应当首先聚焦于"互联网＋ 纳税人权利"，特别是纳税人在税收治理体系中的主体地位和权利，尤其是对政府税权的"闭环式"监督权力。换句话说，纳税人应当拥有"未经纳税人同意不得征税"的基本权利。也就是说，如果"互联网＋税务"只是单纯地聚焦于"互联网＋征税人权利"，而忽视"互联网＋纳税人权利"，那么这一模式必然会加剧税收不公，尤其是征税人与纳税人之间权利与义务分配的不公，最终背离税收促进全社会及每个国民福祉总量的终极目的。这种做法无疑也违背了"互联网+"的初衷与精神。

总而言之，虽然"互联网＋税务"是当下的紧迫任务，但"互联网＋纳税人权利"才是更为关键和根本的方向，它不仅更符合税收制度应有的公正性，也更加契合中国社会可持续发展的战略目标与长远愿景。

（原载《深圳特区报》，2016-01-12）

# 02/ 政府"节流"的可能性与极限

任何财政治理与改革都离不开"开源"与"节流"。如果说"开源"侧重于筹集公共产品生产资金，那么"节流"则侧重于提高公共资金的使用效率，最大限度地提升公共产品的供给效率。尤其在"开源"面临限制的特定时期，"节流"变得尤为重要和必要。

## "节流"不是财政改革的终极目的

毋庸讳言，中国宏观经济长期下行，形势十分严峻，这导致政府可支配资金的增速明显放缓，并呈现出连年下滑的趋势。因此，唯有开源与节流双管齐下，方能帮助政府渡过难关，有效应对可能面临的财税危机与风险。

近年来，面对经济形势持续走弱的挑战，各级党政机关通过严格落实中央八项规定、大幅减少"三公消费"、压缩征管成本等举措，取得了显著成效，客观上也起到了"节流"的作用，有助于缓解政府的财政压力。

中央八项规定出台后，"三公消费"不断降低。然而，问题在于，节省下来的公共资金是否能真正用于增进全社会和每个国民的福祉总量？这是一个长期存在的问题，也是一个亟待解决的新问题。例如，目前政府沉淀着规模高达 4 万亿至 5 万亿元的资金，但如何有效盘活这些资金，始终是中国政府财政管理中的一个难题。

具体而言，近年来，虽然政府可支配资金增速明显放缓，规模逐渐缩小，但现有公共资金的使用效率并未显著提升。就节流而言，这几年在政府机关的节支举措上，确实取得了一定成效。我们看到，"三公消费"现象得到了有效遏制，各种报销制度和程序建设加快推进，党政机关的"乱花钱"现象大幅减少，各种名目的福利派发现象也越来越少……这些变化表明，政府在节流方面确实取得了一定的进展。

然而，问题的关键在于，节流下来的这些资金，如果不能真正有效地提升公共产品的供给水平，优化公共产品的结构，扩大公共产品的合理性，并提高其性价比，即不能高效率地增进每个国民的福祉总量，那么节流就有可能变成一种"为节流而节流"的无效操作，甚至陷入形式化、低效化的循环。

因此，理性告诉我们，节流仅仅是财政治理的一种手段和工具，而不是最终目的。更重要的是，节流必须有其限度，且必须有助于增进全社会和每个国民的福祉总量。如果节流的结果反而导致福祉总量的下降，那这种节流就是不可取的，背离了财政管理和节流的初衷，也违背了其最终目标。

### "节流"的可能性与极限

毋庸置疑，节流本身具有一定的限度，绝不能成为损害国民福祉的手段。节流的根本目的是提升公共产品的质量与数量，进而增进国民整体福祉。因此，节流的程度、节流的领域、节流的群体以及节流决策的问责机制，都应遵循明确的规范和法律，避免随意决策，确保权力不被少数官员任意操控。

事实上，随着各种节流举措的实施，可节流的空间会逐渐缩小。也就是说，节流既有可能性，也有极限。具体表现在两个方面：

一是通过优化财税权力，可以有效减少腐败行为，遏制财税权力滥用所带来的浪费，从而实现节流公共资金、提高公共产品生产效率的目标，进而增进全社会和每个国民的福祉。因为公共资金的收支行为本质上是对权利与义务的分配，必须遵循公正平等的原则。权利是保障下的利益索取，义务则是保障下的利益贡献。如果财税权力不合法，或监督制衡机制不到位，未形成有效"闭环"，那么征税人与纳税人之间的权利与义务分配就不可能公正平等。具体而言，基本权利与义务的分配无法做到完全平等，而非基本权利与义务的分配也无法做到比例平等。

二是通过科学决策，减少决策中的浪费，节流公共资金，提高资金利用效率，从而增进全社会和每个国民的福祉。事实上，科学决策与优化财税权力在实现节流目标上是相辅相成、互为促进的。二者既能有效提高公共资金的使用效率，也有助于增进整体社会福祉。

需要注意的是，由于各地区在政治、经济、文化、历史和地理等方面的差异，不同党政机关面临的节流压力和可行空间可能差异巨大，甚至天差地别。具体而言，发达地区的节流空间通常较大，面临的压力较小；而相对落后的地区，节流空间受限，压力较大。同样，中央及上级部门面临的节流空间和压力较大，而下级和基层机关的节流空间则较为有限，面临的压力则相对较重。

当然，由于节流的本质在于削减政府机关及其官员的财权，节流面临的最大障碍往往来自各级党政机关及其官员的抵制与阻碍，无论是出于自觉还是无意识，或是明面上，或是暗中进行。坦率地说，基于人性的自利本能，一旦节流措施触及到各级官员的利益时，他们往往会产生排斥和抵触情绪。没有人会心甘情愿地遵从节流要求，结果可能是通过各种方式——无论是明目张胆还是隐性手段，软性还是强硬的方式——来阻挠节流措施的实施。因此，为了让节流能够达到改善公共管理、推动社会进步的目的，如何预防和化解党政机关及其人员对节流规定的抵触心理，成为了一项亟待解决的现实难题。

简言之，节流本质上是一种财政与治理手段，而非最终目的。其具体目的是缓解财政压力，而最终目标是增进全社会和每个国民的福祉。然而，无论如何，节流决策不能成为催生懒政或惰政的借口和工具。

## "节流"应与科学决策同行

真正的节流应与预算决策的民主化、科学性及公开透明性并行推进。

民主化的节流无疑更容易获得广泛的民意支持，有助于节流措施的落实，避免"为节流而节流"的现象。同时，民主化的节流还能够汇聚强大的社会监督压力，促使各级官员保持廉洁与勤政，减少浪费纳税人资金的行为。

科学化的节流不仅有助于实现节流的目标，还能提高公共资金的管理效率，提升公共产品的性价比，最大化地增进全社会和每个国民的福祉。实际上，科学化的节流要求管理过程遵循系统性、人本性和动态性的原则，能够有效地平衡普遍性与特殊性、绝对性与相对性、主观性与客观性，进行全局统筹，以实现整体效率的提升。

公开透明的节流无疑有助于遏制节流举措落实过程中的寻租现象，有助于节流权力的约束与制衡，从而避免腐败行为的蔓延，防止节流政策走向反面，造成对国民利益的大规模损害。

可以说，当前新出现的懒政与惰政现象，正与节流措施实施过程中的民主化、科学化以及公开透明度不足密切相关。直言不讳地说，本应为应对财政危机而出台的"节流"措施，经过层层加码和执行异化，已经成为一些官员和公务人员懒政、惰政的借口。如果这一问题长期得不到解决，且开源空间不断压缩，节流被异化，必将加剧官民之间的冲突与矛盾，进而引发系统性社会风险，延缓中国社会现代化转型的进程。

值得庆幸的是，大数据时代为政府节流提供了相对精确的信息支持，有助于政府在"理性限度"内实施节流，避免触及削减国民福祉的边际点和风险点。

（原载《腾讯·思享会》，2016-04-21）

# 03/"免征额"≠"起征点"个税改革需要敬畏常识

近日,十二届全国人大三次会议新闻中心在梅地亚中心多功能厅举行记者会。财政部部长楼继伟、副部长刘昆就"财政工作与财税改革"相关问题,回答了中外记者的提问。楼部长在会上表示,单纯提高个税起征点是不公平的。因为对于一个月收入5000元的人来说,生活可能还算宽裕,但如果他有赡养父母或抚养子女的责任,日子就会变得十分艰难。因此,必须从根本上进行税制改革。

这一观点再次引发了社会各界对于个税改革的广泛关注和讨论。问题在于,在社会主义核心价值观的框架下,中国究竟需要怎样的个税改革?税制改革应如何推进,才能更好地实现公平与效率的平衡?

## "免征额"不等于"起征点"

楼部长在回答关于个税改革问题时使用了"起征点"这一概念,但实际上,个税改革领域的专业术语应当是"免征额"。

"起征点"和"免征额"虽然有一定的联系,但本质上是不同的概念。免征额指的是低于该额度的收入可以依法免税,只有超过免征额的部分才需按相应税率纳税。举例来说,个税免征额为3500元的规定,意味着收入减去3500元后,超过部分才需要按照税率交税。

而起征点则不同,它意味着一旦收入达到某个数额,所有超过该数额的部分都需纳税。比如，如果起征点为 3500 元，那么收入不足 3500 元的人不需要交税；但一旦收入达到或超过 3500 元，就须对包括 3500 元在内的所有收入部分，按照相应的税率缴纳个税。

## "免征额"高低不是个税改革的根本

"免征额"是个税体制中一个重要的组成部分，直接关系到纳税人承担税务义务的轻重、税负的高低，以及"税痛"的大小。因此，社会各界一直关注并讨论"免征额"的调整与变化。

然而，"免征额"并非个税体制及其改革的根本所在，也不是税制结构的核心因素。税收本质上是纳税人与国家之间关于公共产品交换价款的契约关系。这意味着，如何平等和自由地制定一个公正的个税法（包括免征额的设定），才是个税体制改革的核心问题。换句话说，关于"免征额"的调整，不仅仅是金额的高低问题，更涉及征纳双方权利与义务之间的公正与平等。

如果一个社会能够建立科学完善的个税纳税人利益表达机制，或者通过某种"免征额"调整的意见汇总机制（例如投票机制），那么"免征额"这一问题便不再会成为一个长期困扰的问题。此时，政府和财政部门也不太可能长期处于被"免征额"相关舆论所困扰的境地。根本的道理在于，"有钱难买愿意"——如果能够充分反映民众的意愿和利益，个税改革就能更加顺利地推进。

事实上，这也是中国在转型过程中个税及其税制改革必然面临的无奈与宿命。要彻底化解这些矛盾与冲突，必须依赖整体社会（政治、经济、文化等）改革的深入推进，最终解决税权的合意性与合法性问题。至少在转型的过渡期，应当建立专门的个税纳税人利益表达机制。否则，财税部门和各级政府恐怕还将不断重演同样的质疑与尴尬。

## 最大的不公是公共产品"性价比"太低

楼部长认为，单纯提高个税起征点（免征额）不公平。的确，仅通过"免征额"来调节，无法确保不同家庭在税收权利与义务上的平等分配。

然而，楼部长的这一观点实际上仅说对了一部分，甚至可以说是说对了一小部分。因为"免征额"仅仅涉及不同个税纳税人之间税负的分配问题，它只是关乎纳税人承担税务责任的"谁负"的问题。因此，它与征纳税人之间权利与义务的公正平等分配相比，显然是处于下位的，是由更高层次的制度安排所决定的。

原因在于，征纳税人之间的权利与义务的公正平等，决定了个税纳税人之间权利与义务的平等分配。如果征纳税人与纳税人之间的权利与义务分配不公、不平等，那么税款的分配也无法保证基本的公正与平等。简言之，"取之于民"的税款，往往没有真正"用之于民"，更没有被用到最需要的地方。它们不仅没有实现高性价比的公共产品交换，而且这一过程既不公开也不透明。

进一步说，如果征税人与纳税人之间的基本权利与义务不能实现完全平等分配，非基本权利与义务不能按照比例平等分配，那么纳税人之间的所有权利与义务的分配，无论是基本的还是非基本的，都无法实现完全平等或比例平等的分配。换句话说，无论是横向公平还是纵向公平，都很难真正实现。

从楼部长对个税问题的认识来看，显然无法提出一个根本性的个税改革方案，最多只能提出一些枝节性的微调措施。原因在于，就"免征额"的自由缔结性而言，免征额的高低应当得到全体个税纳税人的同意。如果不能实现这一点，关于"免征额"高低的争论就无法彻底停止。个税及其"免征额"的合意性与合法性，也将经不起最终的追问。

毋庸置疑，在税权合意性与合法性不足的情况下，个税征纳人之间的权利与义务分配不可能实现真正的公正和平等。因为，权利是权力保障下的利益索取，义务是权力保障下的利益奉献。如果权力本身不合法，那么它就等同于强力。在强力保障下进行的权利与义务分配，实际上不过是利益交换，而不涉及真正的权利和义务。个税权利与义务的分配同样如此。

税权缺乏"闭环式"监督机制的制衡与约束，使得我们对中国个税改革的公正化进程不能抱有过高期望。更重要的是，税权使用过程中的不透明与不公开，更让人难以期待个税改革的公正化发展。

简而言之，中国的个税及税制改革注定任重道远。改革必须敬畏常识，依赖文明的基本原则。中国税制改革的根本目标，应当是：如何尽快建立由纳税人主导的税制，如何搭建纳税人利益表达机制，如何建立税权的"闭环式"监督制衡机制，如何确保征纳税人之间的权利与义务公正平等交换，最终实现最大化增进全社会以及每个国民的福祉。

（原载《腾讯·思享会》，2016-03-08）

# 04/ 从伦理看"税率"

"税率"显然不仅是税制中的一个关键技术要素，直接影响国家征税的深度以及纳税者的税负轻重。更重要的是，税率的高低、类型和结构的选择等，直接折射并反映了一个国家税制的优劣及其文明水平。

## 从伦理看"税率"

从伦理角度看，"税率"不仅涉及对税率行为规律的分析，还包括对税率"应如何"选定其大小、类型与结构等要素的探讨。其目的是优化税率"应如何"的规范，为"法定"税率提供科学且具有道德价值导向的系统。

道理在于，税率的"应如何"的道德规定，实际上为"应当且必须"设定的法定税率提供了价值导向和理论基础。正如伦理学家包尔生所言："道德律宣称应当是什么……法律也无疑是表现着应当是什么。"耶林则进一步指出："法是道德的最低限度。"

从伦理角度看，"税率"的分析既包括对税率行为"事实"规律的探讨，也涵盖对"税率"行为"应如何"规范的思考。

税率行为的"事实"分析，即对税率行为及其规律的实际分析。税率行为，实质上是与税率相关的利害行为。因为行为是有机体在意识支配下的实际反应，且行为由目的和手段构成。因此，"税率"伦理行为分析，实际上就是对税率利害行为类型的分析。道理在于，不同的税率（例如0%与100%），以及税率的类型（如比例税率、累进税率和定额税率）和结构（如基本、完整与深层）对征纳税者的利害影响是各不相同的。

现代行为心理学的最新研究成果表明，唯有"为纳利征"和"为征利纳"的税率，以及"损征利纳"和"损纳利征"的税率，才能持续有效。其他形式的税率，比如"无私利征、无私利纳、单纯利征（纳）、纯粹害纳（征）"等，都是偶发的、短期的。"为征利纳"和"为纳利征"的税率行为不仅符合税率行为的内在规律，还与税收的终极目标——增进全社会及每个国民的福祉总量——高度契合。如果没有这种税率模式，所有税率的选择（如税率百分比、类型、结构等）都可能加剧征纳双方的冲突与矛盾，进而偏离税收的最终目的。

从逻辑上讲，制定一个优良的税率方案（包括税率的大小、类型和结构），关键在于是否能够准确理解并把握所选税率可能引发的征纳行为的利害规律。如果这种认识是"真实"的，那么就能够得出正确的税率方案，进而实现税收政策的目标。反之，如果对征纳行为的规律理解不准确，则可能导致恶劣的税率方案。

问题在于，仅仅对征纳行为利害规律的认识为"真"，仍不足以得出正确的税率价值，对税率制定的终极目的的认识同样需要是真实且正确的。只有这两者同时为"真"，才能形成正确的税率价值观，从而制定出优良的税率方案。举例来说，如果认为税率行为是没有规律可循的，可以任意变化，或认为税率的终极目的是单纯地聚财，那么得出的税率价值观就会认为，只有符合"聚财"目的的税率行为才是有价值的。根据这一价值观所选定的税率方案，显然会倾向于聚财导向。至于具体的税率方案如何选定，当然也会受到当时征管能力现状的制约。美国学者利瓦伊教授认为，"税率的确定主要受到三个因素的影响：相对议价能力、交易费用和贴现率"。如果认为税率设定的目的是为了经济政策和分配政策，那么税率方案的选择就会有所不同。

毋庸置疑，只有对征纳行为的规律和税率设定的终极目的同时有正确的认识，才能制定出优良的税率方案，并实现税收增进全社会和每个国民福祉的终极目标。如果没有对税率行为规律的科学认识，也没有对税率设定终极目的的正确理解，就无法得出正确的税率价值，自然也无法制定出优良合理的税率方案。因为税率方案是税率价值的外在表现，而税率价值则是税率方案的内在依据。如果这一内在依据存在错误或偏差，税率方案必然无法做到优良。换句话说，税率方案可以根据不同的目标和理由进行调整，但只有基于正确税率价值观的方案，才能被视为优良的税率方案。

## 如何从伦理看"税率"

如何从伦理角度看待"税率"，意味着要对各种税率方案的善恶及其得失进行分析。

一是需要评估一个税率方案是否具备"善性"，以及其善性有多大。关键在于判断该税率方案是否符合"征纳两利"的税率价值，是否有助于增进全社会及每个国民的福祉总量。由此可见，税率可以根据它对社会福祉总量的增进程度，分为不同等级。最优税率，即能够增进全社会和每个国民的福祉总量；次优税率，即能够增进社会大多数国民的福祉总量；次差税率，即仅能增进社会中少数国民的福祉总量；最差税率，即仅能增进社会中极少数人，甚至一个人的福祉总量。显然，越是能够增进所有国民或绝大多数国民福祉总量的税率方案，越符合税收的终极目标，越是优良的税率方案，越应当被遵循和选定。相反，越是只能增进少数国民甚至一个国民的福祉总量的税率方案，越是违背税收的终极目标，越接近恶劣，越应当远离和拒绝。需要特别强调的是，评价税率道德性的终极标准是：在征纳税者利益没有发生根本性冲突、可以两全的情况下，具体表现为"不伤害任何人而增进所有人的利益"的帕累托最优原则。而一旦征纳税者之间的利益发生根本性冲突，无法两全时，则应转向"最大多数人的最大利益"原则。

二是必须从税率的"应该性"，即税率的"契约性"进行分析。一个税率方案的优劣性不仅取决于税率的具体数值高低，还取决于该税率是否在完全自由的状态下由征纳双方共同约定。如果税率是在完全自由的条件下由所有纳税人自由同意的，那么税率的高低问题便显得次要。因为税率本身的自由性优先于税率的具体数值。换句话说，如果税率是在完全自由的状态下经过全体纳税者同意的，即使这一税率较高，它也是一种自我选择的结果，是符合人道原则的，是"把纳税者视为人"的选择。相反，如果税率并非如此自由约定，而是强制性或不合法的，那么它就是一种恶劣、不合法的税率。

三是必须从税率的内容进行分析。根本而言，税率的优劣取决于其内容的公正性与平等性。即税率的高低、类型和结构等，作为税收契约的"约因"，不仅受缔约双方——征纳税者主体——的自由状态影响，同时也取决于这些"约因"本身的公正性与平等性。简而言之，税率的自由缔结只能证明契约的自由性，但并不能证明契约——税率——的公正性与平等性。因为公正意味着利益的平等交换，而平等是公正中最核心的要素。具体来说，公正性要求税率方案的选定必须是征纳税者之间权利与义务的平等交换。也就是说，一个税率方案的选定，应该且必须遵循基本权利与义务的完全平等原则，而非基本权利与义务则应遵循比例平等原则。事实上，税率选择中的"免征额"和"起征点"的设定，其真正的道德基础就在于此。至于"免征额"和"起征点"的具体标准，则应与经济社会的生产力水平和文明发展程度相匹配。

## 从伦理看"税率"的局限性

从伦理角度看，税率的价值无疑在于：其一，深化对税率内涵与本质的认识，进一步理解税率优化在税制改革中的重要性和必要性；其二，为税率方案优化提供客观理性的理念指导和智力支持；其三，有助于建立自由人道、公正平等的理想税制，从而增进全社会和每个国民的福祉总量。

然而，其局限性也不可忽视，主要体现在以下几个方面：其一，"方法性"局限。从伦理角度分析税率仅是深化对税率认识的一种途径和方法。除了伦理分析外，还需要法律、价值学、技术性等方法的补充，诸如政治学、经济学、社会学、文化学、心理学等学科的分析方法也应当介入和参与。其二，"非精确性"局限。从伦理角度看税率更多是一种定性的价值分析，而定量分析是其先天不足，因此需要借助精确的定量分析方法来补充。其三，"抽象性"局限。伦理分析侧重于抽象的逻辑推导和一般原理的应用，因此难以避免分析方法的抽象性局限，尤其是在制定具体税率方案时，往往忽视了实际操作中的复杂性和各种因素的交织影响。

总之，从伦理角度看税率，意味着税率不仅是一个数量上的高低问题，更是一个质量上的好坏优劣问题。税率的优劣直接决定一个税制的优劣，甚至关系到税收治理文明程度的高低。

（原载《西部学刊》，2015-10）

# 05/ 财权监督与国运兴衰

从财政的本质来看，财政是对公共产品生产与交换活动的管理。财政治理水平越高，公共资金的收支管理水平越好，公共产品的性价比就越高，这将有助于增进更多国民的福祉总量，进而提高国民的幸福指数。

财政是国家治理的基础和重要支柱。作为对公共资金收支活动的管理，财政治理显然不仅限于税收治理和预算管理，更重要的是通过全面管理公共资金的收支活动，旨在提供高性价比的公共产品，满足国民的福祉需求，从而推动国家的繁荣与发展。

财政学者马斯格雷夫和皮考克曾明确指出："作为预算的两边，财政收入与财政支出应当同时考虑。对这二者的决策在很大程度上是同一个问题。如果假设处于充分就业的背景下，那么将资源从私人使用转为公共使用尤为重要……财政收入与财政支出的相互依赖性，正是问题的核心，并内在地决定了受益原则在相对于量能原则中的优越性。"这意味着，收支必须同时考虑，公共资金的收支活动管理应遵循统一的道德原则。

从财政的本质来看，财政是对公共产品的生产与交换活动的管理。财政治理水平越高，公共资金的收支管理水平越高，公共产品的性价比也越高，这有助于增进更多国民的福祉总量，进而提升国民的幸福指数。自然，由于国民是国家的基本构成要素，国家的兴旺与繁荣也随之得以保障。反之，如果财政治理水平低，公共资金的收支管理不善，公共产品的性价比低，那么将会减少国民的福祉总量，降低国民的幸福指数，最终导致国家的衰退。进一步来说，财政治理实际上是在财权保障下，国民与国家之间权利与义务的交换活动。因此，财政治理的核心和前提是财权的性质及其制约方式。逻辑上，财权的性质与监督方式与国家的兴衰紧密相关。财权越合法，监督制约越有效有力，财政治理水平越高，公共产品的性价比就越高，国民与国家之间权利与义务的交换也就越公正平等，进而提升国民的幸福指数，促进国家的兴旺繁荣。

同时，财权越合法，监督越有效，意味着税权与预算权越合法，监督越到位，收支权利与义务的交换越公正平等。这就使得国民之间，以及国民与国家之间的基本权利与义务分配更加接近完全平等原则，非基本权利与义务的分配更加符合比例平等原则。这样，国运便更容易繁荣兴旺。因为权力本质上具有自私性、贪婪性和破坏性，如果不通过"制度的笼子"加以约束，便可能导致腐败与恶行，加剧权利与义务分配的不公。

从"国家是拥有最高权力的社会"和"社会就其动态结构而言，由经济、文化产业、人际交往、政治、德治、法治与道德等七类活动构成"这一界定来看，"国运兴旺"意味着：经济的繁荣、文化产业的发展、人际交往的和谐安全、政治的清明、德治的优良、法律与道德的良善以及环境的美好等各方面的综合发展。换句话说，财权的性质及其制约方式的有效性，直接通过公共产品的性价比，决定或影响经济、文化产业的繁荣程度，以及政治、德治、法治和道德的优劣。

毋庸置疑，制度是最典型的公共产品，具备"非竞争性"和"非排他性"的特征。高效的财政治理，或者说财权的合法性及其有效制约方式，有助于提供高性价比的制度性公共产品，涵盖经济、文化产业、人际交往、政治、德治、法治与道德等领域。这正是财政治理的基本使命与责任。因此，财权、税权与预算权越合法，制约机制越有效，所提供的制度性公共产品的性价比就越高，这将更有利于推动国运的兴旺与繁荣。

事实上，财权的合法性取决于被管理者的同意与认可。因此，财权及其相关的税权和预算权的合法性，可以根据国民同意的程度，划分为合法、比较合法、较不合法和不合法四个类型。由此可见，财权、税权和预算权的合法性越强，财政治理的效能就越高，公共资金的收支管理水平也会随之提升，进而提高公共产品的性价比。这将促进经济的繁荣、文化产业的发展、人际交往的和谐、政治的清明、德治的优良、法律与道德的健全，以及环境的改善。如此，国运必将兴旺发达，并实现可持续发展，展现出巨大的潜力。

总的来说，国家治理的核心是财政，而财政治理的根本则在于财权合法性及其有效制约机制。因此，国家治理现代化的主阵地与突破口，正是财政治理系统的优化，尤其是在不断扩大财权、税权、预算权的民意基础，以及在财权、税权、预算权的制约机制上进行创新与突破，进而构建完备的"闭环式"监督制约机制。显然，"闭环式"监督制约机制的首要要求是公开透明。没有公开透明，财权、税权和预算权的有效制约就无法实现，国家治理的前景也将充满不确定性，难以确保国运的兴旺。

（原载《深圳特区报》，2017-03-27）

# 06/"减税"社会效应的伦理分析

"减税"社会效应的伦理分析，即"减税"行为对不同社会行为主体的利害分析。

"减税"通常指税收减征，意味着"按照税收法律、法规，减除纳税义务人部分应纳税款"。从征税者的角度看，减税意味着国家财政收入的减少，政府可支配收入的下降，这也直接影响政府为国民提供公共产品和服务的资金来源；从纳税者的角度看，减税意味着法定纳税义务的减少，纳税者可支配资金的增加，但这也可能意味着政府提供的公共产品和服务的质量和数量（性价比）有所降低。

然而，从"减税"的本质来看，实际上是政府"减权"。减税意味着政府财政的可支配力量和权威的减少。这一变化影响了政府提供公共产品和服务的责任，因此，国民享有公共产品和服务的权利也会相应减少。简而言之，减税意味着征纳税者之间的权利与义务关系的重新调整。这种调整不仅涉及政府与纳税人之间的关系，还包括纳税人之间、征税者之间、国家与社会成员之间、人与非人类存在物之间以及代际之间的税收权利与义务的重新配置。

具体而言，不同性质和类型的"减税"对税收基本权利与义务、非基本权利与义务的影响是不同的，涉及公正和平等的分配问题。因此，只有那些能够促进上述六大税收权利与义务关系的自由、公正和平等交换的"减税"，才是积极且有益的，值得倡导和追求的；那些无法达到此目标，甚至可能加剧不公正、不平等的"减税"，则应被视为不合适的甚至是有害的。

关键在于，税收基本权利与义务的重新调整，是否更加趋向于完全平等原则，而非基本权利与义务的重新调整，是否更加趋向于比例平等原则？这是"减税"社会效应伦理分析的核心问题。因为，"权利是权力保障下的利益索取，义务是权力保障下的利益奉献"，因此，权力本身的合法性便成为权利与义务分配能否公正平等的前提。税权亦如此，它是保障税收权利与义务分配公正平等的基础。税权越合法，税收权利与义务的分配就越可能趋向公正和平等。特别是，税收中的基本权利与义务的重新调整将更加趋向完全平等，而非基本权利与义务的重新调整则越趋于比例平等原则。反之，如果税权的合法性较弱，税收权利与义务的分配可能会偏向不公正、不平等，基本权利与义务的调整也可能背离完全平等原则，非基本权利与义务的调整可能背离比例平等原则。

进一步说，正如王海明先生所定义的，"社会就其动态结构来说，无非由经济、文化产业、人际交往、政治、德治、法和道德七类活动构成"。因此，"减税"社会效应的伦理分析，实际上就是对"减税"对财富活动与非财富活动正负效应的分析，换句话说，是就"减税"对经济、文化产业、人际交往、政治、德治、法与道德等七类活动所产生的正面或负面效应的分析。

事实上，"减税"通常指按照税收法律和法规减少纳税义务人应纳税款的数额，且这一行为与社会效应密切相关。然而，要全面分析"减税"对社会效应的伦理影响，我们不仅要关注"减税"的结果，还需要深入探讨其途径与方法。具体而言，"减税"在实践中可根据不同维度划分为以下几种类型。其一，按减税目的可分为卸责式减税和不卸责式减税。卸责式减税即政府在减少税收的同时，减少其公共产品供给责任，权责基本一致。不卸责式减税即政府虽减少税收，但其公共产品供给责任不减，意味着"堤内损失堤外补"。其二，按减税计划的主导者可分为征税者主导的减税与纳税者主导的减税。前者可能是由政府主导的减税政策，而后者则可能是由公众或纳税者倡导的减税，二者可能分别代表政府与民众的利益。具体来说，也可以分为多数或全体公民主导的减税，以及少数公民主导的减税，或官员主导与民众主导的减税等。其三，按照减税的公正性可分为公正减税与不公正减税。有些减税能够促进税收基本权利与义务趋于完全平等，而有些则可能有助于税收非基本权利与义务的比例平等。其四，按照减税的税种可分为间接税减税与直接税减税。具体而言，减税可能针对不同类型的税种，如增值税、所得税等。其五，按照减税的实际结果可分为总体性总量减税与部分减税。前者是指普遍性地降低所有纳税人的税负，而后者则是指对特定群体或税种进行减税，即"有增有减"的"结构性减税"。其六，按照减税的形式与内容可分为形式减税与实质减税，即真减税与假减税。形式减税可能仅仅是税率的名义调整，而实质减税则意味着减税效果切实发生。其七，按照减税的性质可分为普遍性减税与特殊性减税。普遍性减税适用于所有纳税人，而特殊性减税则是针对特定群体或特定行业。除此之外，还有绝对性减税与相对性减税，以及主观性减税与客观性减税的区分。例如，法定减税、特定减税和临时减税等。其八，按照减税的实施方式可分为一次性减税与多次渐进式减税。一次性减税是指一次性大幅减少税收，而渐进式减税则是逐步实施税负减轻，以适应不同群体的需求和政策目标。

可见，由于国情、国家治理面临的紧迫问题以及制度背景的差异，不同国家将会选择不同的减税方式，其减税的实际效果也会存在显著差异，甚至有天壤之别。唯一不变的是：评价一项"减税计划"的成败与得失，最终标准应是——哪种"减税计划"能够在最大程度上增进全社会和每个国民的福祉总量，同时不损害其他国家与国民的利益。

因此，"减税"社会效用的伦理分析不仅要关注减税本身的效果，还要考虑减税对税制、社会结构及国家治理系统的影响。这是因为以下三个原因。

第一，税收治理作为国家治理和财政治理的一个子系统，国家治理和财政系统的整体运作质量，直接决定了税收治理的效果。同时，税制改革，诸如"减税计划"，也会反作用于国家治理与财政治理系统，进而影响其整体运作质量。因此，税收治理在国家治理中的核心地位，使其对国家治理水平的反作用尤为重要，值得特别关注。

第二，税收是国家治理体系运作的物质基础。它通过为政府提供必要的资金，保障政府职能的正常运行与发挥。常识告诉我们，国家若没有足够的财力，便无法生产和提供基本的公共产品与服务。美国税收政治学者玛格丽特·利瓦伊曾精辟地指出："国家岁入生产的历史即国家的演进史。"她认为，"统治的一个主要限制条件是岁入，即政府的收入。国家的岁入越多，统治的范围就可能越广，统治者能够建立更加精密的国家机构，并增加国家所提供的公共产品的种类和数量"。税收历史学者查尔斯·亚当斯也曾指出："国家的繁荣与衰落往往与税收因素密切相关，历史上多次证明这一点。"

第三，税收通过筹集足够的公共资金，提供高性价比的公共产品与服务，直接影响社会治理的水平，并进而影响全社会和每个国民的福祉总量。如果纳税者不缴纳一定的税款，他们将无法获得生存与发展的必要公共产品与服务，进而无法实现人生价值，享有幸福生活。公共产品的性价比和全社会、每个国民的福祉之间的关系密不可分。因为任何人要实现生存与发展，都离不开公共产品与私人产品的双重支撑。只有满足了各类需求和欲望，人们才能体验到真正的快乐与幸福。根据心理学家马斯洛的需求层次理论，人类的需求从低级到高级依次为：生理需求、安全需求、归属与爱的需求、自尊需求、认识与理解的需求、审美需求、自我实现的需求。只有通过优良的税制或"减税计划"，才能提供高性价比的公共产品，进而满足每个国民在不同层次上的需求，特别是那些关乎人生重大意义的需求。因此，唯有那些优良的税制与减税计划，才能真正促进社会的整体福祉，满足国民的基本需求，并为他们提供更好的发展机会。

总之，关于"减税"效应的伦理分析，必须从全面、动态和历史的视角来审视，而不能仅仅从狭隘的"税收"角度进行分析。只有深入探讨减税背后的制度与社会效应，才能真正理解其对国家治理、社会结构以及每个个体福祉的深远影响。

（原载《财政监督》，2019-03）

# 07/ 大数据或加剧税收执法冲突与风险

　　毋庸置疑，随着"金税三期"的上线与逐步运行，税收大数据在征管工作中的影响将日益增强。然而，值得警惕的是，税收大数据对征管整体水平的提升，既可能带来积极效果，也可能引发消极后果。从消极因素来看，最主要的风险在于，"金税三期"可能加剧税收执法中的冲突和风险。

## 大数据的基本特征

　　大数据是由海量、复杂、多样化的数据组成的集合，通过云计算处理和应用模式，将数据整合、共享、交互和复用，最终形成智能资源和知识服务能力。根据维克托·迈尔-舍恩伯格与肯尼斯·库克耶的定义，大数据具有"四V"特征，即 Volume（大量）、Velocity（高速）、Variety（多样）和 Value（价值）。维基百科则指出，大数据拥有六个 V 特征，包括 Volume（数据量大）、Variety（数据类型多）、Velocity（处理速度快）、Value（应用价值大）、Vender（获取与发送方式自由灵活）和 Veracity（真实准确性）。国内学者则将大数据的特点概括为三个方面：第一，数据量巨大；第二，数据类型繁多；第三，数据质量要求相对较低。

　　事实上，大数据不仅是一种技术工具，更是一种思维方式。它的核心理念是"一切皆可量化"——强调定量思维，以及"万物皆有关联"——聚焦于数据之间的相关性，而非单纯依赖传统的因果关系分析。这种方法论的核心思想是从大数据中挖掘潜在的关联关系，而不是局限于传统的因果推理。

鉴于大数据研究的广泛性和分析的便捷性，本文采纳舍恩伯格的"四V"理论。无论从数据的规模、分析速度，还是从数据承载的内容和所能提取的价值来看，大数据都可能对人类的行为心理、思维方式和价值取向等方面产生深远且持久的影响。这些影响既可能是正面的，也可能带来负面效应。正如有观点指出，"大数据对我们的隐私和自由构成了巨大的威胁"，因此，大数据在税收治理中的应用也将带来深刻的影响。它可能通过减少税收执法冲突与风险，提升全社会与每个公民的福祉，也可能加剧税收执法风险，降低社会整体福祉。

### 大数据对税收执法冲突与风险的总体影响分析

决定税收执法冲突与风险的关键因素，首先在于税法及其相关预算法的质量与完备程度，特别是财权（包括税权与预算权）的合法性以及监督制约机制的有效性。从逻辑上讲，大数据对税法质量的影响，实际上就是对税收执法冲突与风险发生概率的整体影响。

第一，大数据对税法优劣及其完备程度的影响，主要体现在其对税权合法性及税权监督有效性的作用。具体来说，大数据能够积极影响税权合法性与监督机制，还是可能产生消极影响？换言之，大数据是否有助于扩大税权的民意基础，使其更加坚实，或者反之，是否对民意基础的发展无助，甚至削弱税权的合法性？如果大数据能够帮助扩大和稳固税权的民意基础，那么它就能降低税收执法中的冲突与风险；相反，如果大数据对税权的合法性没有帮助，甚至削弱了税权的合法性，那么税收执法的冲突与风险发生概率就会相应上升。此外，如果大数据能够提升税权监督的有效性，那么它也将有助于减少税收执法中的冲突与风险；反之，如果大数据降低了税权监督的有效性，则可能加剧税收执法冲突与风险的发生。因为，税权的合法性是确保税收权利与义务公正平等分配的前提。税权越合法，公民对税收的遵从度就越高，税收执法中的冲突与风险就越小。反之，税权合法性不足时，公民对税收的接受度降低，税法的遵从度也会随之下降，从而加剧税收执法中的冲突与风险。

从长远来看，大数据有助于减少征纳税者之间的信息不对称，理顺征纳税者之间、纳税者之间、征税者之间、国际之间、代际之间，甚至人与非人类之间的关系。这种信息透明度的提升将增强纳税人的权利意识，推动税权合法性的不断强化，减少税权滥用现象，优化税法的结构和内容，进而促进税法的完善，减少税收执法中的冲突与风险。然而，从当前税收治理的实际情况来看，大数据对税收执法冲突与风险的影响呈现出一种极为复杂的局面。

第二，从税收本质上看，其主要作用是为公共产品的生产提供资金。长期来看，大数据有助于提高"用税"效率，或者说，有助于提升公共产品的性价比和结构优化。大数据可以促进财政的透明度和公开性，使得财政资源的分配更符合大多数国民的"用税"意愿，更加"用之于民之所需"，从而增进全社会和每个国民的福祉总量。毋庸置疑，大数据的这种作用是积极的，它有助于从根本上减少税收执法冲突与风险。然而，基于不同的国情和发展阶段，大数据对"用税"效率、公共产品性价比与结构的影响可能会呈现出更加复杂的形态。具体来说，在财权、预算权合法性较强的社会中，由于拥有广泛的民意基础和相对完善的财权监督制衡机制，大数据的积极效应能够得到放大，促进公共产品性价比的提高、资源配置的合理化、财政支出的透明与精准。这种情况下，税收资金将最大限度地"用之于民之所需"，从而在总体上减少税收执法冲突与风险。

相反，在财权、预算权合法性较弱的社会中，由于税权缺乏广泛的民意支持，且财权和预算权的监督机制不完善，大数据的消极效应可能被放大，进而降低公共产品的性价比，恶化其结构，增加"用税"决策的秘密性与模糊性，抑制财政支出更精准地"用之于民之所需"。在这种背景下，税收执法冲突与风险会相应增加。原因在于，征纳税信息的不对称现象往往使得最有能力运用大数据的征税机关或"用税"机关，容易成为少数部门或官员操控的工具，且这些部门或官员可能为了自身利益而滥用大数据，集中财力于有限的领域或群体。尤其在缺乏"闭环式"监督机制的情况下，大数据的消极影响会被加剧，从而在总体上增加税收执法冲突与风险发生的概率。

第三，大数据有助于税法结构的优化。因为"大数据时代的到来，赋予人类前所未有的机会和条件，在更多领域、更深层次上获得并使用全面、完整、系统的数据。这使得我们能够深入探索现实世界的规律，获取过去无法获得的知识，发现曾经无法触及的商业机会，掀起了一场前所未有的数据革命"。关键在于，大数据能够帮助人们比以往任何时候都更迅速地学习和掌握税收领域的知识，尤其是税制、税法以及"税德"这一领域的基本结构、完整结构和深层结构。通过这种方式，我们可以更好地遵循税法优化的内在规律，推动税制、税法和"税德"内在结构的优化与合理化。这种优化不仅能提高税收治理的质量，还能够提升公共产品的性价比，改善公共产品的结构，最大化地增进全社会和每个国民的福祉总量，从而从根本上降低税收执法冲突与风险发生的概率。

最后，大数据有助于优化税收和预算中的非权力力量，从而间接地降低税收执法冲突与风险。其背后的原理在于，税收的非权力力量（如舆论与培训）是税收"德定"权利与义务的基础，而这一力量的有效性依赖于社会成员的认同与监督。税收非权力力量越被社会成员认同，税收道德的滥用机会就越少，税法的遵从度就越高，从而间接有助于减少税收执法的冲突与风险。相反，如果税收非权力力量的社会认同度较低，那么滥用税收道德的机会也会增加，纳税者对税法的遵从度下降，这将可能加剧税收执法冲突与风险。此外，由于道德本质上是法律的价值导向系统，税收道德的优劣直接决定税法的优劣。因此，优化税收道德，制定符合优良税收道德的税法，并减少税收道德与税法之间的冲突，成为消减税收执法冲突与风险的重要因素。优良税收道德的形成，显然是通过对征纳行为事实规律的分析，并通过税收道德的终极目标与价值判断的推导得出的。类似地，优良税法的制定也是基于对征纳行为事实的规律分析，从税法的终极目标（即增进全社会和每个国民的福祉总量）出发，经过税法的价值与价值判断的推导，最终由立法机构确认。

### 大数据对税收执法冲突与风险的具体影响分析

大数据对税收执法冲突与风险的影响，具体而言，是通过改变税收执法过程中的四大核心要素：税法（特别是征管法）、税收执法主体、税收执法客体以及税收执法环境，来实现的。大数据的四大特点——Volume（数据量大）、Velocity（数据处理速度快）、Variety（数据种类多样）和 Value（数据价值）——对这四大要素的作用，能够改变征纳税者之间的信息不对称局面，从而在一定程度上消减或加剧税收执法冲突与风险。

事实上，大数据对税收执法过程的影响，具体而言，就是通过对税收执法冲突与风险的作用来体现：

第一，建立税收执法大数据平台是应对税收执法冲突与风险的前提。唯有通过全面拓宽税收数据共享、提高数据质量，并借助高效的税收大数据分析工具，才能真正实现大数据在税收执法中的有效运用。税务机关和工作人员必须依靠丰富的"第三方"社会信息，整合现有的信息系统，并运用大数据技术进行数据分析与比对，才能有效评估纳税人申报与缴税的真实性与准确性，从而降低税收执法冲突与风险。只有基于大数据，建立税收征管和执法行为的全面监控体系，才能确保税收征管全过程的"留痕"，为税务机关的执法行为提供多方位的监督。通过事前、事中、事后的全程监控，确保征管权力在透明的环境下运行，才能从源头上减少由征纳税人之间以及相关税务行为引发的冲突，进而有效防控税收执法冲突与风险。同时，为确保税收大数据的有效利用，还必须构建一个全面的元数据管理体系。这一体系能够实时透视纳税人与涉税信息之间的关联关系，发现潜在的逃税行为，及早预警，减少潜在的税务风险。此外，税收优惠审批、税收核定、出口退税审核等业务模型，必须嵌入到征收管理系统中，实现自动化、可视化和智能化。通过这种方式，确保税收执法标准的一致性与统一性，从而提升税收征管的效率与透明度。换句话说，只有建立基于"维基思想"（开放、对等、共享、全局运作）为特征的业务协作平台，才能实现税务数据和知识的全面共享与协同运作。这种平台能够使各税务主体的分析方法、模型和方案纳入知识管理体系，并在全国税务系统及各应用系统间共享，提升税务知识的利用效率。唯有通过这种跨部门、跨系统的协作，才能真正实现大数据在税收执法中的积极作用，降低税收执法中的冲突与风险。

第二，大数据对税收执法冲突与风险的影响，首先体现在它对《征管法》优劣及其完备程度的影响。《征管法》是规范征纳双方行为的权力性法律，它直接规定了征纳税者的具体行为规范，并明确了税收权利与义务的分配。因此，一部优良且完备的《征管法》是减少税收执法冲突与风险的基础和前提。与此相关的是，《征管法》必须具备广泛的民意基础，并且应当经过大多数国民的同意。征纳税者的权利与义务分配必须符合公正平等的原则：基本权利与义务的分配应当是完全平等的，非基本权利与义务的分配则应当符合比例平等原则。关键是，征管权力的合法性和有效的制约制衡机制。从大数据技术的介入角度来看，其核心问题在于税收大数据的合法性，以及征管权力的合法性与制约机制的有效性。如果税收大数据和征管权力本身缺乏合法性，缺少广泛的民众同意，而且缺乏有效的监督机制，那么它将可能引发大量的税收执法冲突与风险。这是因为，大数据作为一种强大的资产、资源和力量，谁能首先获得和运用它，谁将从中获益。而那些无法获取或拒绝利用大数据的群体，其利益则可能受到损害。

第三，大数据对税收执法冲突与风险的影响，主要体现在其通过改变征纳税双方的信息不对称程度来发挥作用。具体而言，如果大数据通过税收执法主体、执法客体和执法环境这三大要素加剧了征纳双方的信息不对称，即使在税法及《征管法》本身优良且完备的情况下，也可能导致税收执法冲突与风险的加剧。

毋庸置疑，如果对税收大数据的监管不到位，税收执法主体掌握的征管信息，特别是涉及纳税人的敏感信息过于庞大和详细，这将加剧征纳双方之间的信息不对称，从而导致税收执法权力的过度扩张，进一步引发税收执法冲突与风险。以往，在大数据应用之前，纳税者的逃税行为往往较为隐蔽，或者需要较高的稽查成本才能被发现。但随着大数据技术的应用，纳税人的涉税信息透明度大幅提升，税务机关的稽查精准度和效率显著提高，虽然这在一定程度上有助于提高税务管理的效果，但也不可避免地会加剧税收执法冲突与风险。特别是在税法的合法性不充分、税收权缺乏有效的"闭环式"监督机制时，税收执法冲突与风险的发生概率将大幅增加，甚至可能引发系统性的税收风险，成为社会危机爆发的导火索。历史上，不乏由税收问题引发社会动荡的案例。例如，英国资产阶级革命起源于国会反对查理一世国王征税的斗争；美国独立战争则是北美殖民地居民反抗英国王室征收"印花税"和"食糖税"的结果；法国大革命的爆发则是法国新兴资产阶级反对教会和贵族免税特权的斗争。西方历史上多次重要的社会变革往往都与税收问题息息相关。学者徐松林在总结中外社会发展历史时指出，税赋问题不仅是中国民变的根源，也是西方国家阶级革命和社会变革的重要推动力。对此，学者黄凯平在《谁有征税权——税收的真相》一文中也提出了深入的见解，强调税收权力的滥用和缺乏有效监督可能会带来深远的社会后果。因此，税收大数据的监管必须特别谨慎，确保其透明性和公平性，以避免税收执法中的潜在风险。

大数据的权力与任何其他形式的权力一样，如果未经有效的监督和管理，就可能成为一种过度的、无法制约的强权。如果没有适当的制衡机制，这种权力的滥用可能导致腐败，甚至引发绝对腐败。在此，学者吴晓灵提醒我们："大数据的应用和价值的挖掘，不能以牺牲个人数据财产权为代价。科技的发展与社会的进步，终极目标应当是让人类更加安全和自由。必须保障数据主体对其个人数据的占有、使用、收益与处分的权利，确保'谁的数据谁做主'。只有通过严格的执法和行业自律，确保在产权清晰、权利得到有效保障的框架下，大数据才能释放更大的价值，确保其健康发展。"同样，如果对税收大数据权力进行过度监管，税收执法主体所掌握的征管信息——尤其是关于纳税者的涉税信息——如果过于局限或不足，也可能导致征纳双方之间的信息不对称，这无异于削弱执法者的征管权力。结果可能会引发新的税收执法冲突与风险。

总之，由于引发税收执法冲突的原因多种多样，税收执法冲突与风险呈现出各种不同的形式。例如，从总体原因来看，税收执法冲突与风险可能源于国家体制和政策滞后，或者"用税"体制的不完善，甚至是税法结构不合理等问题。具体而言，税收执法冲突与风险的原因可以包括《征管法》的滞后及其不足、税收大数据权力的不合法性及缺乏有效的监督制衡、税收执法主体的综合素质不高、税收执法客体的综合素质低下，甚至是恶劣的执法环境等因素，此外，三者的综合作用也可能导致税收执法冲突与风险。

（原载《长安税苑》，2017-08）

# 08/ 财税改革与国民美好生活实现

党的十九大报告指出，中国社会主要矛盾已经转化为人民日益增长的美好生活需要和不平衡不充分的发展之间的矛盾。这一论断不仅提醒我们，如何满足"人民日益增长的美好生活需要"已经成为新时代党和国家治理成败的根本标准，同时也告诫我们，如何识别和解决"人民日益增长的美好生活需要"和"不平衡不充分的发展之间的矛盾"，并以此为导向，已成为各级党政领导和机构确立重点改革目标、进行"系统性重构"的智慧与胆略的最终考验。

毋庸置疑，财政作为国家治理的基础和重要支柱，财税在促进国民美好生活实现中发挥着基础性、总体性和动力性等重要作用。逻辑上，探讨财税与国民美好生活之间的关联机制，揭示财税体制与"人民日益增长的美好生活需要"之间的内在规律，特别是财税体制中存在的"不平衡不充分"等问题与"人民日益增长的美好生活需要"之间的矛盾和冲突关系，将成为今后长期内财税部门和学界亟需关注的重大理论与现实课题。

这是因为，财税体制通过税制和预算体制的优劣，直接影响"人民日益增长的美好生活需要"的满足程度。一方面，征税方式——包括征税的额度、方式的显性与隐性、公正性与否、民众的接受度等——直接影响着人民对美好生活的需求能否得到充分满足；另一方面，财政支出的方式——包括预算的透明度、公正性、民众认同感以及公共支出的效益等——同样直接决定了人民生活质量的提升。征税和用税，本质上是公共产品，它们的优劣直接影响国民美好生活需求的实现方式和内容。从另一方面来看，预算体制通过提升公共产品的性价比，影响着人民生活需求的满足程度。一般来说，税制和预算制度越优良、越完备，"人民日益增长的美好生活需要"便能越充分地得到满足。具体而言，征税体制越公正、越符合民意、越透明，越能够有效满足人民的美好生活需求；反之，税制越落后、越不公正、越不透明，越难以充分满足人民的需求。同理，预算制度的优劣也同样影响公共产品的提供。如果预算体制合理、透明、公开且符合民意，其性价比就更高，能够更加充分地满足"人民日益增长的美好生活需要"；反之，预算体制越落后，财政支出越不透明、越不符合民意，其效益就越低，无法充分满足人民的需求。

也就是说，国家的征税方式，如征税的隐性与显性、公正性与不公正性、民众的接受度等，本质上是一种公共产品，它直接影响国民的社会性需求，如自由、归属感、爱等基本需求的满足。换句话说，征税方式越公开透明、越公正、越符合民意，国民的社会性需求就越容易得到满足，从而使国民的美好生活愿望得以更好实现。同样，用税的多少直接关系到纳税者可以自由支配的资金数量，而这一点与纳税者的财务自由密切相关。在公共产品需求不变的前提下，如果国家征税较少，纳税者可自由支配的资金便会增多，从而增强他们购买私人产品的能力，使其能更好地满足个人的美好生活需求。相反，如果国家征税较多，纳税者可自由支配的资金则会减少，私人产品的购买力随之下降，进而影响纳税者满足自身美好生活的能力。

同理，如果税款不仅能"用之于民"，而且能够"用之于民之所需"，那么"人民日益增长的美好生活需要"将得到更充分的满足。相反，如果税款既未"用之于民"，又未"用之于民之所需"，则"人民日益增长的美好生活需要"将难以充分满足。因为税款的使用方式，如是否公开透明、公正与否、是否符合民意等，与"人民日益增长的美好生活需要"密切相关，尤其是与人民日益增长的"公共需要"之间的关系尤为紧密。此外，税款的使用方式本身就体现了公共产品的性价比，直接关系到国民的社会性需求，如自由、归属感与爱等需求的满足。用税方式越公开透明、越公正、越符合民意，国民的社会性需求就越容易得到满足，进而推动国民美好生活需求的实现。具体而言，预算体制越先进、公共产品的性价比越高、结构越合理、供给越充足，人民日益增长的美好生活"公共需求"也将越充分得到满足。反之，若预算体制落后，公共产品的性价比低、结构不合理、供给不足，则人民的美好生活"公共需要"将难以得到满足。

事实上，通过财税体制的创新与优化，能够从总体上促进人民日益增长的美好生活中的"公共需求"的满足，这是实现这一目标的根本途径之一。从这一角度来看，党的十八大以来，中央对财税在国家治理体系中的定位十分科学精准，对财税治理面临的新形势和新挑战的认识也非常到位，对财税改革的战略方向和重点的把握符合我国的实际国情。尽管党的十八大和十九大在财税体制改革的具体表述上有所不同，但两者的基本精神是一致的。

1994年前后，中国财税体制改革面临的主要挑战是"两个比重偏低"，即中央财政在GDP和全国财政收入中的占比偏低。那时，财税体制面临的主要挑战是"机遇与风险并存"，但总体上"机遇大于风险"，挑战主要来自政府机构内部，尤其是地方政府。如今，中国财税体制改革面临的主要挑战则是新的"两个比重偏低"，即国民对公共产品的满意度偏低以及地方政府的发展积极性偏低。同时，还存在"两个偏高"，即征纳税成本与国民权利意识偏高。尽管当前仍是"机遇与风险并存"，但随着时间的推移，风险已逐渐超过机遇，且挑战不仅来自内部——地方政府责任意识的提升，也来自外部——国民权利意识的高涨。

因此，党的十九大报告对财税体制改革提出了三项重要要求"加快建立现代财政制度，建立权责清晰、财力协调、区域均衡的中央和地方财政关系；建立全面规范透明、标准科学、约束有力的预算制度，全面实施绩效管理；深化税收制度，健全地方税体系"。毫无疑问，党的十九大关于财税体制的要求始终聚焦重大问题，旨在通过财税体制的不断创新、优化和重构，理顺中央与地方在征税中的责权利关系，建立优良的用税机制，为提供高性价比的公共产品奠定坚实的公共资金基础。这不仅是为了化解"人民日益增长的美好生活需要和不平衡不充分的发展之间的矛盾"，还要平抑国民日益增长的权利意识，激发地方政府推动经济发展和社会繁荣的积极性，从而更好地满足人民日益增长的美好生活"公共"需求，最终实现全国人民的美好生活愿望，进而实现中华民族的伟大复兴。

必须指出的是，"美好生活"具有相对客观且稳定的实质内容，它不仅仅是国民主观的心理体验或社会的主观认定。笔者认为，"美好生活"不仅仅指人们在物质需求满足后的快乐体验，它还涵盖了人们在重大需要、欲望和目标实现过程中获得的满足，以及生存和发展的全面完满。这种"美好生活"可分为物质型、社会型和精神型三类。物质型"美好生活"指的是人们生理需求和肉体欲望的满足，主要包括生活富裕和身体健康的需求。社会型"美好生活"涉及人们的社会性需求、欲望和目的的实现，主要表现为自由、归属感和爱等社会需求的满足。精神型"美好生活"是指认知和审美需求的满足，主要包括自我实现和自我创造潜能的发挥。此外，还有创造性型"美好生活"和自我实现型"美好生活"之别。创造性型"美好生活"是指通过创造或成就带来的美好生活需求的满足。自我实现型"美好生活"则指通过实现个人的创造潜能，成为最有价值的自我，从而达到美好生活的目标。这主要涉及人们在物质、社会和精神三大领域中的需求满足。另外，德性型"美好生活"与利他型"美好生活"也是一种重要的分类。德性型"美好生活"指的是个体在道德品质的完善和自我品德修养方面的需求得到满足。利他型"美好生活"则是指个人为他人、为社会所做的贡献和实现利他目的的需求得到满足。

实际上，人民日益增长的美好生活需要的满足具有结构性、层次性，同时也包含主观性与客观性、真实性与虚幻性、相对性与绝对性等特征。这些需求不仅体现出强弱性、持续性与时效性，也存在一定的规律性。因此，财税体制的优劣对国民美好生活的影响充满复杂性和不确定性。然而，财税体制优化的终极目标具有客观性，征纳行为的规律性、财税价值的真理性不可否认，这些因素将从根本上、总体上决定和影响国民美好生活的实现程度。由此可见，要满足人民日益增长的美好生活需要，财税体制改革不仅是实现这一目标的关键着力点，也是突破口。实现这一目标任重而道远，需要我们在改革过程中坚持不懈、择善固执。

总之，财税体制优化是满足"人民日益增长的美好生活需要"的核心途径。财税在推动国民美好生活进程中承担着重要的历史使命与时代重任，必须积极作为、主动作为，推动改革落地，实现更好的社会发展。

（原载《西部学刊》，2018-10）

# 09/ 税收正义的本土使命

尽管"正义有张普罗透斯的脸"，变幻无常，难以捉摸，但正义的重要性却毋庸置疑。正如亚当·斯密所言："与其说仁慈是社会存在的基础，不如说正义才是这种基础。即使缺乏仁慈，社会也能在一种不那么愉快的状态下维持运转，但不义的行为一旦盛行，必将彻底摧毁社会的根基。"

税收正义同样如此！它不仅关乎税收治理体系的结构和基础，更直接影响着国家的兴衰与人民的利益和福祉之久暂。具体而言，税收正义涉及经济的可持续发展、文化的繁荣、社会秩序的稳定、政治与法律的公正，甚至影响到生态环境的保护与每个公民的幸福感。

## 生活经验的启示

我的大学同学 J 经营着一家公司，每年都会和他的夫人以及一群已经实现财务自由的朋友，组织自驾游，游览祖国的大好河山。他们的旅行模式基本上是 AA 制，这种模式已经持续多年，并且从未因费用问题产生过不愉快或纠结。

出于好奇，我询问他为何能够一直保持这种和谐的费用分担机制。他告诉我，他们的费用使用和分摊始终遵循公平原则，并且做到公开透明。具体来说，对于用餐、门票等公共消费，大家会按照完全平等的原则来分摊。但对于一些特殊情况的消费，采取的是比例平等原则，根据每家享受的待遇不同来分摊费用。例如，使用谁家的车时，每天会有几百元的补贴；如果选择了不同车型，因油耗和高速费用不同，相应的费用就由乘坐该车的人来承担。正是有了这样一个公平的费用分担机制，大家避免了因为费用问题而产生的烦恼与纠结。而且，由于每次费用收取和使用时都能遵循公平原则，大家的整体获得感也得到了保证。比如，在点餐时，尽管每个人的口味和偏好可能不同，但整个行程下来，大家都能品尝到不同地方的特色小吃，同时满足大部分人的需求。

当然，如果旅行团人数较多，或者交由旅行社来安排，可能会更加高效和划算，但这也会带来一些新的问题。比如，旅游公司和旅游者之间、不同旅游公司之间，以及旅游者之间，如何合理分配权利与义务。无疑，能否妥善处理这些关系，将直接影响到每个旅游参与者的体验，也影响着旅游行业的发展与繁荣。

我举这个例子，实际上是想简单地说明税收正义的问题。

## 何谓"税收正义"

上述旅游例子启示我们，要真正提升全社会以及每个国民的福祉总量，税收治理必须在"税收正义"方面下足功夫，至少需要做到以下几点：

第一，必须科学地理解税收正义的内涵与本质，这是进行税收治理的逻辑前提。毫无疑问，税收正义意味着政府与纳税人之间的权利与义务交换必须平等。这种交换关系，本质上是目的与手段之间的互换，而非原因与结果的简单对立。具体来说，纳税人向政府交税，并非无私奉献，而是一种带有目的的自利行为——纳税人通过交税来换取政府提供的公共产品，这些公共产品对个体来说，往往是无法单独生产或不愿生产的。税收本质上是为了让每个纳税人平等地享受到高性价比的公共服务与公共资源。从专业的角度来看，这些公共产品具有"非竞争性"和"非排他性"
两个特点。"非竞争性"意味着，一旦公共产品被提供出来，
其中一个人的使用不会排除他人享有，例如公共安全、环境保护
和优良的制度建设等。换句话说，一个人享受这些公共产品不会
减少其他人享有的机会。"非排他性"则是指，技术上无法将拒绝
为公共产品支付费用的个人或企业排除在受益范围之外。无论个
人是否直接为某项公共服务支付费用，所有人都可以共享其带来
的利益。

第二，税收正义的实质在于征纳税人之间权利与义务的平等
交换。这一平等不仅体现在基本权利与义务的完全平等交换上，
还应体现在非基本权利与义务的交换上，且后者应遵循比例平等
原则。基本权利与义务的交换属于人权范畴，是纳税人在自愿或
非自愿加入社会共同体后，依据这一身份所做出的初步贡献。由
于所有纳税人都在同一社会框架下享有相同的基本权利，因此这
些基本权利应当得到完全平等的分配。这种分配不因纳税多少而
有所区别，而是基于社会成员的平等地位和共同享有的基本资源。
非基本权利与义务的交换则应遵循比例平等原则，即根据个体的
贡献来分配权利和义务。换言之，贡献越大，获得的权利应相应
越大，而承担的义务也应相应增加；贡献较小的，则享有较少的
权利，并承担较小的义务。这种比例平等的安排是对纳税人实际
贡献的公正回应，也是税收正义的重要体现。

从道德相关性的角度来看，纳税人的义务应与其享有的权利
相称。换句话说，纳税人缴纳的税款越多，享受的公共服务和资
源也应相应增多，这种权利与义务的平衡关系是公正的体现。正
如"权利与义务的逻辑相关性"所指出的那样，纳税人的税务负
担应与其所获得的公共利益成正比，而不是仅仅依赖于义务的数

量。也就是说，基本权利与义务的交换必须完全平等，而非基本权利与义务的交换则必须遵循比例平等原则，只有这样，税收才能体现出真正的正义。

第三，税收正义能够落实的关键在于：税权的合意性以及税权行使过程中的监督有效性。税收涉及的征纳双方权利与义务，是在税权保障下各自利益的索取与贡献。逻辑上，税权的合意性和监督有效性，是保障征纳双方能够实现权利与义务平等交换的前提条件。也就是说，税权合意性越强、监督有效性越高，越能确保征纳税人之间权利与义务的平等交换；相反，税权合意性越低、监督效果越差，则不利于征纳税人之间权利与义务的平等交换。

显然，税权的合意性受到纳税人利益表达机制的影响，其广泛性与完备性直接决定了税收民意基础的厚重程度。具体而言，这取决于政府在征税的多少、征税环节、税收对象等重大决策上的决策权，是否真正交由纳税人或代表其利益的群体来决定。税权监督的有效性则与税制中是否存在"闭环式"监督机制密切相关，即是否具备完善的"上下级、内外部、道德与法律"的综合制衡与监督机制。

### "税负"谁负之正义的盲区

税收正义的根本在于征纳税人之间权利和义务的平等交换，具体而言，体现在基本权利与义务交换的完全平等，以及非基本权利与义务交换的比例平等。然而，现实中，无论是征税方还是纳税方，往往有意或无意地忽视这一根本问题，误以为税收正义的核心在于"税负"分担的公平性，即谁应承担税负。很多时候，人们对税收正义的理解过于局限于纳税人之间税负的微调——"谁负担税负"，从而忽视了税收正义的更为深刻和复杂的问题，甚至可能误导税制改革的方向，使税收改革成为征税者平息纳税人负面情绪的工具与手段。

这种片面的理解容易导致对税收正义的错误认知，无法有效解决征税人与纳税人之间、纳税人之间以及不同层级征税机关之间的权利与义务问题。特别是，如果税收改革仅仅关注"税负"的分配，而忽视征税者和纳税人之间的真正平等交换，税制优化可能变成对税负分担的短期调整，而无法真正达成公平和正义的目标，从而带来税收治理结构的不稳定和基础的薄弱。

事实上，税收正义的真正含义远不止于"税负"谁负。完整的税收正义不仅要通过完全平等的原则，解决征纳税人之间、纳税人之间，以及征税人与纳税人之间的基本权利与义务问题，还应通过比例平等的原则，合理分配各方的非基本权利与义务。这是税收治理能否实现长效、公平、稳定的核心所在，只有如此，税收治理的结构才能稳定，基础才能牢固，才能最终实现税收治理的终极目的——增进每个国民的福祉总量，从而确保每个国民都能享受到更美好的生活。

这一点，当代正义论大师约翰·罗尔斯（John Rawls）也曾指出过："正义的主要问题是社会的基本结构，或更准确地说，是社会主要制度分配基本权利与义务。"

## 税收正义的本土使命

税收正义的内涵与本质的辨析提醒我们，作为国家治理的重要支柱与核心，税收治理在向税收正义迈进的过程中，面临着多种认知误区。具体而言，主要存在以下几个问题：

第一，税收治理普遍忽视了税收正义的根本问题，即征纳税人之间权利与义务的平等交换。事实上，尽管我国的税收制度一直秉承着"取之于民"的原则，但直到今天，税收的使用和分配依然缺乏足够的公开透明，更遑论做到"用之于民之所需"。

第二，税收正义的实现还受到税权合意性及其监督有效性问题的严重制约。现代治税道德原则中明确规定"未经纳税人同意不得征税和用税"，然而这一原则至今未能在我国税制中得到"制度性嵌入"，同时，税权的监督机制也未形成完善的"闭环"制衡。由于缺乏有效的监督，征纳税人之间的权利与义务无法真正实现平等交换，从而导致税收治理的公正性和透明度大打折扣。

第三，税收治理的终极价值目标往往被误解。许多时候，税收治理的核心目标被狭隘地理解为"聚财"，即追求税收收入的最大化，而忽视了税收治理本应服务于"增进每个国民福祉"的根本目的。税收并非仅仅是政府的财政工具，它更应是社会公平、公共服务和社会福利的保障机制。

第四，税收正义的核心问题不仅体现在纳税人之间的关系上，还包括征税人与纳税人之间、中央与地方政府之间、不同部门与地区之间税收权利与义务的平等交换。在这些层面上，税收正义的实现常常被忽视，尤其是在如何分配税收收益、合理确定各方责任等方面。

第五，税收正义的认知也必须与时代背景相适应。在当前社会转型期、全球化进程加速、大数据等现代技术不断发展的大背景下，纳税人对税收公正的认知和要求日益提高。税收制度的设计和实施必须响应这些新的需求，充分考虑到社会发展的动态变化和公民的权利意识。

总之，税收正义在我国的本土化使命依然任重道远，绝非一蹴而就。毋庸置疑，财税体制是国家治理现代化的核心支柱，是推动社会公平与可持续发展的关键。因此，财税改革不仅是全面深化改革的最佳突破口和切入点，更需要通过税收正义的系统优化，来确保国家治理的真正进步。全国税务部门组织税收收入（扣除出口退税后）的规模很大，且非税收入规模也相当可观。逻辑上，这些公共资金的分配与使用，能否做到公正、透明、且真正"用之于民"，尤其是"用之于民所需"，无疑是对当前执政者及全体国民素质与智慧的重大考验。无论如何，首先必须对税收正义的内涵与本质有一个全面、科学的认知，避免思维上的盲区。同时，也必须专注于税收正义的根本、关键和核心问题，并持之以恒地推进改革，确保税收制度的公平性与公正性。

（原载《天和网视频》，2014-01-24）

# 10/ "减税"利好与纳税人获得感

己亥年春天召开的十三届全国人大二次会议，最引人注目的消息之一，是李克强总理在提请大会审议的政府工作报告中提出的一系列减税降费措施：将中国制造业等行业现行的 16% 增值税税率下调至 13%；将交通运输业、建筑业等行业现行的 10% 税率下调至 9%；同时，保持 6% 税率不变。并且，政府还将通过对生产性和生活性服务业增加税收抵扣等配套措施，确保各行业税负只减不增，进一步优化增值税制度。这些举措无疑是针对当前全球经济放缓、地缘政治矛盾及利益冲突加剧、中美贸易关系新变数，以及宏观经济下行压力等多重挑战做出的积极回应。同时，这也是为了支持中国企业，特别是制造业，能够可持续发展，帮助它们渡过困境、迎接挑战。

然而，问题在于，这一系列"减税降费"的大举措如何才能不折不扣地落实，如何让企业和纳税人真正感受到"获得感"？从逻辑上讲，这不仅需要税务机关及相关机构的积极配合和执行，还要求制造业等相关行业的企业积极响应、主动配合，最终实现税收政策的精准落地和效益最大化。只有政府与企业共同努力，才能确保这一系列减税政策真正惠及企业、减轻负担，并进一步激发经济活力和市场信心。

## 降低税率是一种总体性减税举措

此次"降低税率"型减税无疑属于总体性减税举措，其积极意义不容小觑。在"减税"这一总体框架下，确实存在多种政策选择：可以选择"降低税率"，也可以选择"降低税收增速"，或者"减少税收总量"，还可以针对不同税种、不同征税对象以及不同征税环节进行调整等。然而，唯有"降低税率"才构成真正的"总体性减税"，因为这一措施从总体上降低了企业的税负，使其能够拥有更多可支配的资金，用于生存和持续发展。更重要的是，如果减税措施能够配合得当，且重点聚焦于适当的税种和征税对象，必然能够实现积极的减税效应。具体而言，通过减税和提升"用税"的效能两条途径，可以有效促进全社会经济的健康增长，推动文化产业的繁荣，增强社会人际关系的和谐，提升政治法治的清明，促进道德德治的良善，进而为生态环境的优化提供保障。

事实上，此次选择制造业等行业作为减税的主要对象，并将增值税税率从 16% 降至 13%（减税幅度较大），精准聚焦了减税政策应优先帮扶的领域——制造业等行业。同时，在税种选择上以增值税为主，充分抓住了关键税种。增值税不仅是对企业生存与发展影响深远的税种，也是中国税制中的主体税种，其税收收入占据了相当大的比重。可以说，此次总体性减税举措将增值税作为减税的核心对象，并将制造业等行业作为重点支持的领域，政策目标明确，思路清晰，着力点精准。这样的减税政策无疑具有较强的现实意义，能够有效减轻企业负担，尤其对制造业等行业而言，是一种难得的"利好"。因此，随着政策落地，减税效应的正面影响值得期待。

进一步而言，此次总体性减税举措展现了系统性联动的特点，这一点同样值得肯定和鼓励。例如，政策不仅聚焦于制造业等重点行业，还兼顾了交通运输业、建筑业等其他领域，减税与降费并行推进。同时，政府还配套推出了一系列政策，如将小规模纳税人增值税起征点由月销售额 3 万元提高至 10 万元，极大减轻了小微企业的税收负担；大幅放宽了符合条件的小型微利企业所得税优惠标准；同时，加大了对中小企业的支持力度，包括再降低中小企业宽带平均资费 15%，以及加大对中小银行的定向降准力度等一系列积极举措。这些政策不仅直接减轻了企业的税费负担，还提升了企业的整体运营环境。理论上，如果这些系统性联动的减税降费政策能够真正落实到位，它们必将有效助力制造业等关键行业做大做强，为中国经济的可持续发展提供强有力的支持。

### "减税"如何让纳税人拥有"获得感"

唯有这些总体性减税举措真正落地，才能让相关企业切实感受到减税政策带来的"获得感"，从而助力中国经济走出困境，走向更为稳健的发展轨道。诚然，从减税政策的利好到实际的"获得感"之间，仍存在着许多已知和未知的困难需要克服。尤其是在"黑天鹅"和"灰犀牛"等系统性风险日益增多的背景下，税务机关和相关部门必须与企业共同努力，克服这些障碍，才能确保减税政策的真正效果和实现经济的可持续发展。

税收政策的最终目标是让纳税人真正感受到"获得感"。国家税务总局局长王军在多次会议中已明确强调这一点。然而，尽管良好的减税政策和领导的号召是纳税人"获得感"的必要条件，但仅有这些并不足以确保政策的成功落实。即要让减税的利好真正传递给纳税人，必须克服来自各个层面的挑战，这包括组织机制、人员素质以及外部环境等方面的困难。

首先，最常见的挑战之一就是个别税务机关及其利益相关部门可能存在的"选择性执行"问题。由于人性中的自利倾向，某些部门或个别工作人员可能会利用技术手段、合谋操作等方式，寻求新的"寻租"机会，自觉或不自觉地对减税政策产生抵触情绪，甚至阻滞、延缓减税政策的落实。某些情况下，可能出现阳奉阴违的现象，表面上承诺执行，实则敷衍了事，导致执行力度不够，减税政策的实际效果大打折扣。

其次，税务机关等政府部门之间权利与义务的不公分配，也为相关部门及其利益相关者提供了操作空间和"后门"，从而阻碍了总体性减税措施的顺利落实。税务机关是由不同层级的组织构成的一个庞大系统，其内部权利与义务的公平分配直接影响到系统的运作效率。减税措施的实施同样面临类似问题，尤其是在不同层级的税务机关和其他政府部门之间，如果存在角色错位、行为失范等问题，就可能导致减税政策的推进受到阻碍。如果再加上监督问责机制的缺位，减税政策的执行更容易出现扭曲和变形，偏离初衷。正如孟德斯鸠所言："一切有权力的人都容易滥用权力，这是万古不易的一条经验。有权力的人使用权力，直到遇到界限才会停止。"当前，税务机关的权力监督机制存在体制上的依附性、监督职能缺乏"权力支撑"、新闻媒体的舆论监督容易受到行政干预，以及社会投诉机制不畅、缺乏有效保障等问题，这些都使得税权滥用的风险更加突出。因此，在这种现实背景下，我们必须特别警惕税务机关滥用权力可能对减税政策产生的消极影响，进而削弱减税政策带来的实际效果。

最后，从现行"下管一级"的财税干部管理体制来看，虽然这一体制有助于增强上级机关对下级和下属的管理权威，但由于缺乏有效的民主参与机制，基层税务干部往往难以充分感受到来自社会和民众的压力。这种情况可能导致部分税务干部在执行减税政策时出现选择性执行的现象。另一方面，由于非正式制度的影响和基层干部对政策理解的差异，减税政策的执行也容易发生扭曲，从而未能真正实现减税政策的初衷，使得企业未能最大限度地享受到"减税"带来的实际利益和"获得感"。

## "减税"不是税改的根本目标

在特定历史背景下，"减税降费"的现实价值和意义显而易见。一是减税降费意味着企业和纳税人可以拥有更多自主支配的资金，从而提高资金利用效率。尤其是在税负较重的情况下，减税能够为纳税人减轻经济压力，增强其资金流动性和市场活力。二是减税意味着政府税权的适度收缩，尤其在缺乏有效监督制衡机制的背景下，减税能够有效遏制税权滥用的空间，减少税务机关和其他相关部门的寻租行为，从而促进税收治理的公正。进一步讲，减税有助于实现征税人与纳税人之间权利与义务的平等交换，确保基本权利与义务的完全平等交换以及非基本权利与义务的比例平等交换，进而为税收现代化奠定坚实基础。三是减税有助于落实"取之于民，用之于民"的税收原则，特别是"用之于民之所需"，最终推动税收制度向着增进全社会乃至每个国民福祉总量的目标迈进。这一过程不仅能有效提升社会整体的财富积累与公平性，也为社会经济的可持续发展提供了重要保障。

问题在于，税收本质上是国民与国家之间关于公共产品交换价款的契约性活动。没有纳税人缴纳税款，就无法为国家提供公共产品和服务，特别是那些具有"高性价比"的公共产品和服务。换句话说，只有纳税人缴纳税款，国家才能有足够的资源来生产和提供这些公共服务。这也意味着，减税必须有一定的限度。它不能无视为基本公共产品和服务提供必要资金的需求。毕竟，减税的逻辑极限是零税负，然而零税负显然不是税收改革的目标，也与税收征集的根本目的相违背。

事实上，"减税"并非税制改革的根本目标，也不是构建税制的终极目的。逻辑上，税制改革的理想目标是建立一个优良的税制。理想的税制其终极目的是增进全社会和每个国民的福祉总量。这种税制不仅体现自由、法治和平等的原则，而且在税制中深刻融入了公正、民主、诚信、便利、节俭等基本价值。坦率地说，虽然总体性减税举措在短期内能有效缓解某些行业或企业的压力，帮助其渡过难关，但这类举措本质上具有应急性质，属于一种权宜之计。从税收治理的角度看，税制改革的根本与核心在于优化税权。具体来说，税权的合意性与有效的监督制衡机制，是实现税收正义的充要条件。这意味着，只有通过合法、合规且透明的税收管理，确保征税人与纳税人之间的权利与义务交换能够实现平等，税收治理才能真正走向公正与效率。

总之，"减税"政策能否让纳税人真正感受到"获得感"，不仅依赖于税务机关的政策执行效率，还取决于纳税人的配合与参与。然而，最终的关键在于能否建立一个能够有效增进全社会及每个国民福祉的优良税制。

（原载《当代社科视野》，2011-6）

# 11/ 税改必须警惕五大"洞穴"思维

当美国政治家、物理学家本杰明·富兰克林道破"世界上只有两件事是不可避免的，那就是税收和死亡"这一天机之际，税收与人类每一个成员生死福祸相依的宿命反而被遮蔽。因为富兰克林并未告知我们，税收与人类社会及其非人类存在物之间的福祸相生关系的本质。

良税是增进人类福祉的"必要"手段，而恶税则是加剧人类灾祸的主要工具。在税制改革的过程中，恶税可以转化为良税，极恶税种可以改为相对较轻的税收，次优税制也可以通过改革提升为最优税制，甚至次劣的税制可以改善为较优的税制。然而，改革的逆向效果也可能发生，即在"税改"的旗帜下，恶税可能被进一步放大或延续。区别在于，良税改革和恶税改革所带来的社会效应迥然不同，甚至可以说有天壤之别。前者有可能不断增进社会成员的整体利益和福祉，而后者则可能悄然削减更多人的福祉。

导致税改出现逆转或恶化的原因虽然多种多样，但不可否认的一个核心原因是人类在税收领域所固有的认知局限性。这种局限性，往往与社会其他因素交织在一起，逐渐被扩大并固化，影响着税制改革的目标、进程、路径和重点的选择。

这种先天性的税收认知局限性，简而言之可以归结为五个方面：税收专业知识的不足、税务行业的固有惯性、财政系统的传统定势、国家特定的认知模式以及时代思维的惯性。这五大局限性类似于柏拉图的"洞穴比喻"——每个"洞穴"中只有一束微弱的光透入，这束光限制了人们的视野、束缚了他们的思维，导致他们只能朝着一个方向爬行，忽视周围的环境，逐渐趋近自认为正确的"税收真理"。然而，真正全面而科学的税收真理并不局限于单一的"洞口"之光。要想全面认识税收的真理，我们必须跳出多个"洞穴"，通过跨越重重障碍，才能真正看到税收的全貌。这种认知局限性，正如"盲人摸象"的寓言所揭示的那样，容易让人产生片面的理解。我们必须警惕这种局限，意识到它可能对税制改革产生的影响和潜在危害。因此，要获得科学理性的税收认知，必须不断警觉并超越自身的认知局限，站得更高、看得更远、思考得更深入。

税改亦然，必须自觉警惕"五大洞穴"带来的税收认知缺陷及其危害。

第一，在"税收专业知识"这一"洞穴"中，容易过于关注税收专业知识和技术的精致、完美与高效。诸如税收法定、立法、执法与司法程序的优化，税种结构的配置与组合，税负分担的合理性，税收减免政策的制定，及惩戒机制的完善等技术性细节。

第二，在"税务行业习惯"这一"洞穴"中，税务部门可能会过度关注行业聚财目标的实现、税务岗位职责的履行，仅仅关心征税技术的优化、聚财效率的提高、税务队伍的稳定与廉洁等行业内部的具体管理问题。

第三，在"财政系统定势"这一"洞穴"中，更多关注的可能是财政的收支平衡、预算的公平性与效率、财政风险的化解与防范，以及中央与地方之间财政关系的协调等问题。

第四，在"国家认知模式"这一"洞穴"中，容易仅从本国的利益出发考虑问题，关心税收系统性风险的防范与化解、执政地位的巩固等问题，缺乏从世界看本国的自觉与格局。

第五，在"特定时代思维惯性"这一"洞穴"中，人们可能容易被当前时代的局限性所影响，忽视了对未来趋势和长远利益的深刻洞察。

正因如此，以上五种认知"洞穴"的局限性，往往导致税改计划的设计难以避免缺陷。任何从单一视角出发的改革，都会受到认知盲点的影响，无法全面考虑税制的复杂性和多样性。要想解决这一问题，必须超越这些局限，提升全局视野，扩展认知的边界。清代思想家陈澹然曾说："不谋万世者，不足谋一时；不谋全局者，不足谋一域。"这句话提醒我们，税改的战略设计必须具备超越时空的眼光，避免陷入狭隘的专业、行业或系统思维中。税制改革需要的是一种全局观，需要跳出固有框架，警惕意识形态、专业限制等有形无形的束缚。正孔子所如提倡的"四绝"——"勿意、勿必、勿固、勿我"，即不要主观臆断，不要绝对化，不要拘泥于固有思维，也不要陷入自以为是的自我设限。

实际上，如果我们能自觉警惕税收认知中的五大局限，理想的税制改革便不应仅仅局限于税负轻重、税负分担、税种数量的讨论，或是关注提高征税效率、划定中央与地方财政比重等技术性问题，而应将目标聚焦于核心领域，如税权的合法性和有效监督等。因为税收中的"权利"与"义务"，本质上是税收权力保障下的利益交换关系。权利是对利益的索取与要求，义务则是对利益的奉献与给予，而税权的合法性及其有效监督，正是确保权利与义务公平交换的基础。显然，税权的合法性和监督的有效性，直接关系到国家财税体系的稳定性与结构合理性，决定着国家与公民之间税收权利与义务交换的公正和平等。这不仅包括基本权利与义务的完全平等交换，还涵盖非基本权利与义务交换的比例平等。这一过程将深刻影响社会整体福祉的增进或减少，并直接关系到全球税制秩序的稳定与创新活力。只有以此为核心目标，才能避免事倍功半、劳民伤财的改革，真正把握税制改革的历史机遇，最终实现税制改革的终极目的——最大限度地满足每个公民对美好生活的需求。

在全球化时代，风险与机遇并存，税制改革与国家兴衰息息相关。税改不仅是社会文明转型的突破口与着力点，也是推动社会现代化进程有序发展的关键力量和稳定基石。然而，真正的问题在于，我们需要何种税改？我们应该推进怎样的税改计划？这些改革是否旨在增进大多数国民的福祉总量，还是仅为了少数群体的利益？显而易见，一个自由、法治、平等、公正、民主和诚信的税改计划，必须能够有效增进大多数国民的福祉，并且拥有坚实的人性基础，赢得广泛的支持和期待。站在二十世纪的历史交汇点，我们必须警惕"洞穴思维"对税制改革本质问题的遮蔽与消解。这种思维局限可能使我们忽视改革的真正目标和长远效果。因此，各界有识之士应共同携手，深刻把握税改的根本和核心问题，谨防异化的税改理念和狭隘的认知引导我们走入误区。

（原载《爱思想》，2013-12-24）

# 12/ 征纳互信是税收良序的基础

征纳互信是指征税人与纳税人之间的相互信任与理解。具体来说，它要求两个或多个独立的征税人与纳税人之间能够共享真实、准确的涉税信息，并保持"心口一致""言行一致"的沟通与交流。

正如诚信是社会治理的道德基础，也是人际关系和谐的基石，一个拥有基本诚信的社会能够显著降低治理成本，提升治理效率，从而最大化地增进每个社会成员的福祉。

同理，征纳互信是税收治理的道德基础，也是征纳关系和谐与顺畅的前提。一个充满征纳互信的社会，税收治理成本较低，效率较高，更有利于增进全社会以及每个公民的福祉。相反，在缺乏征纳互信的社会中，税收治理的成本上升，效率下降，进而难以实现全社会及每个国民福祉的增长。因此，建立和促进征纳互信，对于提升税收治理效能和实现社会整体福祉至关重要。

征纳互信的前提是，征税人与纳税人必须是独立的主体，具备自主性和主动性。换言之，征纳税者应当是能够自主选择、决策和行动的参与者。因此，真正的征纳互信要求征税人与纳税人在税收事宜上能够平等地、诚实地进行信息交换。这意味着，无论是在税额的征收、征收对象、征税环节、税收减免、问责奖惩等重大涉税问题上，双方的决策都应当基于"心口一致""言行一致"的原则，做到信息的互通与透明，而非单方面的要求或约束。更进一步讲，征纳互信并非单纯关乎信息的真实性，而是关乎双方是否能够相信这些信息是真实的。如果征税者传递的信息真实，但纳税人被要求相信它是假的，或者征税者传递的信息本身是假的，却要求纳税人相信它是真的，那么这种情形都无法称之为征纳互信。同样，如果信息本身真实，但被传递的一方拒绝相信它，或者信息本身虚假，却要求对方相信它是正确的，这也不属于征纳互信的范畴。

举个例子，假设某增值税纳税人的月销售额为 1000 万元（这一数据是真实的），但该纳税人通过各种手段让征税者相信其月销售额低于这一数额，从而少缴税，这便是一种典型的不诚信行为。又比如，某个人所得税纳税人的年应税收入为 2 万元（这是实际情况），但为了其他目的（如移民或购房等），他故意让征税者相信自己的年应税收入超过了这一数额，从而达到自己的目的，这同样是一种不诚信的涉税行为。

由此推理，如果征税者本来是为了某个特定的目的（例如，少数人利益的最大化）进行税收征收，却声称自己是在为大多数人的福祉而征税，这种行为就属于不诚信，当然也就无法建立征纳互信。同样，如果征税者的实际目的是为聚敛财富，而却宣称自己征税是为了公共福利，那么这种行为同样是不诚信的，无法形成征纳互信。归根结底，征纳互信的基础是双方的诚信。只有征税人与纳税人之间保持诚信，才能建立起真正的征纳互信。而一旦征税人与纳税人之间缺乏诚信，这种互信关系便无从谈起，也无法实现有效的税收治理。

事实上，唯有建立征纳互信，才能有效减少征纳税者之间的"涉税信息不对称"问题，促进征纳双方的和谐关系，减少矛盾与冲突，从而降低征纳成本，提高税收治理效率，最终实现税收增进全社会及每个国民福祉的终极目标。

消减征纳税者之间"涉税信息不对称"问题，意味着征纳双方在权利与义务分配上的公正和平等。这不仅体现为征纳税者之间基本权利与义务的完全平等，也包括非基本权利与义务的比例平等。换句话说，当征纳双方之间的权利与义务分配接近公正平等时，税收治理的效果将更加公平和高效。这种平等原则不仅适用于纳税人与征税人之间，还应该扩展到国家与公民、人与环境之间的关系中，推动所有相关方在权利与义务的分配上追求更高程度的公正与平等。

更为重要的是，税收的公正和平等直接关系到税收治理的结构和基础。正如亚当·斯密所言："与其说仁慈是社会存在的基础，不如说正义是这种基础。"罗尔斯也强调："正义的核心问题是社会的基本结构，或者更准确地说，是社会主要制度在分配基本权利与义务方面的方式。"无疑，征纳互信关乎税收的正义与公平，而这正是税收良序的基础。没有征纳互信，就无法实现征纳公正，也就无法构建税收的良好秩序。

同时，征纳互信也关乎国家征税的终极目的。国家征税的最终目标绝不仅仅是为了征税本身，公民交税的终极目的也不仅仅是交税，背后更深层次的目标是——增进全社会及每个国民的福祉总量。

由此可见，如何建立并巩固征纳互信的机制，如何夯实征纳互信的基础，推动征纳互信的实现，应该成为税制改革中的关键任务。只有在这一基础上，税制改革才能真正走向系统性重构，才能为增进社会福祉、促进税收治理的公平与效率奠定坚实的基础。

（原载《税收经济研究》，2017-03）

# 13/ 预算须正确决策与正确执行

　　庚子年初，李克强总理在政府工作报告中指出："各级政府必须真正过紧日子，中央政府要带头，中央本级支出安排负增长，其中非急需非刚性支出压减 50% 以上。"这一表态充分显示了政府应对挑战的决心。如何"真正过紧日子"，尤其是在社会转型发展过程中渡过难关，关键在于如何妥善处理"预算正确决策"和"预算正确执行"之间的关系，换句话说，就是政府如何"花钱"的问题。毋庸置疑，"预算正确决策"在逻辑上应当先于且重于"预算正确执行"。前者是源头，是决策的起点，是支撑财政政策和财政管理的基础；后者则是执行的环节，是由前者决定的。具体而言，解决前者的问题往往能事半功倍，而若偏重于后者，则可能事倍功半。二者轻重之分，显而易见。然而，令人担忧的是，人们在实际操作中常常过度关注后者，即预算执行环节，而忽视了前者——预算决策的科学性与合理性。

　　从预算的本质来看，近年来，在强有力的反腐压力下，各单位和部门在预算执行方面取得了显著成绩，预算计划的执行效果不可忽视。然而，在预算决策的正确性上，仍然存在较大的改进空间，这需要通过制度和机制的进一步完善与改革来加以解决。具体而言，如何判断"该不该花钱"，在实际操作中应当受到更多关注和重视。

　　关于"应该如何花钱"的问题，从税收这一国民与政府之间就公共产品交换价款所缔结、履行契约的本质来看，毫无疑问，预算的决策权应当由全体人民来决定，即政府应当根据全体国民的意愿来决定生产和提供哪些公共产品、提供多少、性价比如何等。至少，预算决策应依据大多数国民的意愿，反映出他们对美好生活的需求。具体来说，不论是税收收入，还是非税收入的使用，向谁花、花在哪里等重大决策，都应该以全体或大多数国民的需求为依据，以满足人民群众对更好生活的期望为评判标准。毫无疑问，减少冗员，杜绝浪费，满足大多数国民对公共产品和服务的需求，是预算正确决策的最低要求。而提高预算决策的科学性、公正性与效率，则是更高层次的要求。在这一层面上，基本公共产品的平等供给应成为预算决策的基本目标。而政府在提供"高性价比"公共产品与服务方面，既能满足绝大多数国民的基本物质需求，也能满足他们的尊严、自由等基本社会性需求，进而满足精神层面的更高需求，这就构成了预算决策的较高要求。或者说，衡量预算决策正确性的标准在于：哪种预算决策能够最大限度地满足人民群众对美好生活的需求。具体而言，衡量一个单位或部门预算正确性的标准，应当是其预算是否直接或间接地有助于满足人民群众的美好生活需求。因此，一切冗员、冗费及浪费类的预算，都应当被拒绝和杜绝，因为它们代表的是不正确的预算决策。

在当前国内外形势日益复杂的背景下，政府各级单位和部门"过紧日子"已成为必然选择。要真正做到"过好紧日子"，并有效应对中国现代化发展过程中遇到的种种挑战，关键在于如何解决"预算正确决策"这一核心问题。事实上，借助大数据技术构建国民公共产品和服务需求的信息收集与汇总机制，是预算决策的基础性制度保障；建立"闭环式"税权与预算权的监督制衡长效机制，是确保预算决策正确性的根本途径；而有序推进民主决策与科学决策,则是实现精准预算决策的核心方案。

长河奔腾,不舍昼夜。历史机遇稍纵即逝,作为国家治理重要基础与支柱的财政收支活动,其进退得失直接关系到国家的兴衰与民众的福祉。在特定的历史境遇下,政府必须并且应当"过紧日子",以确保财政资源的合理分配,推动社会经济的高效发展。

（原载《深圳特区报》,2020 -06 -02 ）

# 14/ 人性是现代财税金融体制的"压舱石"

"十四五"规划提出要"建立现代财税金融体制",但这一目标的精神实质究竟应如何理解?目前学界基于不同的学科背景和研究视角,主要有三种解读:

第一种观点,乐观主义者认为,"建立现代财税金融体制"旨在充分发挥现代金融与大数据平台的主导作用,逐步取代传统的财税功能,特别是在聚财与转移支付方面的作用。这一转变旨在降低政府的官僚路径成本,提高公共产品的供给效率,从而"不断满足人民日益增长的美好生活需要"。

第二种观点,现实主义者认为,"建立现代财税金融体制"实质上是通过新的形式重新回到金融"二财政"角色的时代,即在大数据的全面覆盖下,金融将继续充当财政的附庸,从而增强政府对财政的操作性与可控性。

第三种观点,综合论或融合论者认为,"建立现代财税金融体制"是将财税和金融体系有机融合在一起,这不仅仅是文字上的调整,而是具有深远意义的结构性变革。这种融合强调财税与金融的协同作用,旨在实现更加高效、公平的资源配置与财富分配。

笔者认为,"十四五"规划提出的"建立现代财税金融体制",实际上是指政府希望借助现代金融技术平台,创新并统筹现有公共资金收支的权利与义务交换规范体系。具体而言,目标是通过现代金融技术平台的优势,不断促进公共资金收支的公正和平等,提供"高性价比"的公共产品与服务,从而实现"不断满足人民日益增长的美好生活需要"这一国家治理现代化的终极目标。

因此，"建立现代财税金融体制"意味着进一步优化财税金融领域的权利与义务规范体系（包括财税金融道德和财税金融法律）。然而，优良的财税金融道德和法律并非可以随意制定，它们必须基于对财税金融领域内利害关系和行为规律的科学认知，并且必须与社会建设财税金融制度的最终目标相契合。只有在对财税金融价值进行真理性认知的基础上，才能通过价值判断推导出合适的财税金融道德规范，并以这些规范为导向，进而推导出相应的财税金融法律。因此，如何科学地认识财税金融领域内的利害行为规律，成为了财税金融价值得以确立的根源和依据。这一道理，早在休谟的《人性论》中便有所阐明。他强调，人性是所有科学的基础，只有认识到人类知性的限度和能力，我们才能在科学上取得突破。类比而言，科学认识财税金融领域内的利害行为规律的真实性，构成了财税金融学科的基础。因此，对于"财税金融人"即涉及财税金融决策者和执行者的"人性"认知的深度和准确性，直接决定了"现代财税金融体制"的优劣以及其能否成功实施，堪称"现代财税金融体制"的核心要素。

常识告诉我们，没有"压舱石"的航船由于重心过高，无法抵御大风大浪，最终会面临倾覆的危险，甚至可能导致船毁人亡。由此可见，"压舱石"对于航船的安全航行至关重要，它是确保巨轮顺利远航的必备要素。如果把"现代财税金融体制"比作一艘现代巨轮，那么它的"压舱石"就是人们对财税金融利害行为规律的科学认知及其真实性。也就是说，只有基于这些科学认知所建立和设计的"现代财税金融体制"，才有可能是优良的，且能够获得"人性洪荒之力"的支持。反之，如果缺乏这样的"压舱石"，即如果对财税金融利害行为规律的认知存在偏差或错误，那么这个体制就会失去来自"人性洪荒之力"的支持，无法实现可持续发展和不断优化的原动力。显然，只有对财税金融行为规律有真实、深入的理解，才能为"现代财税金融体制"提供牢固的基础和支持。当然，建设优良的"现代财税金融体制"不仅仅依赖于对财税金融利害关系规律的科学认知，还需要全社会对财税金融制度终极目标的科学理解以及其他相关要素的支持。只有这些要素共同作用，才能真正推动财税金融体制的健康发展和有效实施。

关于人性中的"洪荒之力"，即现代财税金融利害行为心理规律的科学认知，新伦理学创始人王海明先生基于现代行为心理学的最新研究成果，提出了一系列具有启发性的观点，具体如下：

第一，所有财税金融利益相关者——无论是管理者还是被管理者——其财税金融利害行为的原动力，始终是利己的。利己是所有财税金融利益相关者进行利己、利他、害己、害他行为的"终极动机"。需要特别指出的是，对财税金融行为的原动力不应简单进行善恶评价。财税金融行为的核心动力来自于个人的利益最大化，善恶只是行为路径中的一部分，而非原动力本身。

第二，财税金融利益相关者的行为目的，既可能是利己的，也可能是利他或害己、害人的，但唯有利己目的才是持久且普遍的，利人目的、害己或害人目的则相对偶尔发生。这一规律揭示了财税金融行为背后的基本动因。财税金融利益相关者的行为遵循"爱有差等"的人性定律，即"谁给我更多的利益，我就更多地偏爱谁；谁给我更少的利益，我对谁的爱也会减少"。这一现象体现了财税金融伦理中目的的相对数量规律，即人们对利益分配的态度是高度依赖于他们获得的个人利益的大小。

第三，财税金融利益相关者的行为手段，同样可能既利己、利人，也可能害己、害人，但唯有"为己利人"和"损人利己"可能持续存在。换言之，只有"为己利人"和"损人利己"能够成为持久的行为模式，而单纯利己、害己等行为通常只是偶然发生。这一现象揭示了财税金融伦理行为手段的相对数量非统计性规律。

第四，就每个财税金融利益相关者的行为类型而言，必定长期表现为"为己利人"或"损人利己"，而无私利人、单纯利己、纯粹害人、纯粹害己等行为则是偶尔出现的。换句话说，大多数财税金融行为的类型会趋向"为己利人"或"损人利己"，而其他类型则是短暂或例外的。这是财税金融伦理行为类型的相对数量非统计性规律。

第五，针对绝大多数财税金融利益相关者的伦理行为而言，"为己利人"必定是长期存在的，而其他行为，如损人利己、无私利人、单纯利己、纯粹害人等，通常是偶尔发生的。这一规律反映了财税金融伦理行为类型的统计性规律，即在大多数情况下，财税金融行为的伦理取向将趋向于"为己利人"，其他不道德或利他行为则较为偶然。

毋庸置疑，基于上述财税金融伦理行为规律所进行的现代财税金融体制创新——权利与义务规范体系（财税金融道德与法）的创新，将因为遵循人性规律中的"压舱石"而具备科学性和优良性。这是因为，遵循这些规律，顺应并敬畏财税金融行为的基本伦理法则，是现代财税金融体制能够长期稳定运行的前提。换句话说，任何试图"违背人性"或"让河水倒流"的行为，最终都会被人性的洪荒之力所吞噬。因此，现代财税金融体制的创新必须紧密遵循以下财税金融伦理行为规律：

首先，必须尊重各个财税金融主体"恒久为自己，偶尔为他人"的现实人性。现代财税金融体制的创新，必须顺应财税金融主体以自爱利己为原动力的行为规律。对这一人性规律，我们不能抱有过高的期望，也不应对其进行道德评价。

其次，财税金融体制创新必须突出重点。财税金融体制的创新应当把重点放在如何有效制约和限制财税金融主体利用恒久的"损人利己"手段获取不当利益上。特别是在监管层面，必须加强对这一行为的全方位监管。毕竟，在财税金融行为中，"损人利己"是最为普遍和典型的有害行为模式。

最后，现代财税金融体制的创新应当具备以下三方面目标：其一，保护和肯定"为己利他"的财税金融行为；其二，鼓励那些偶尔表现为"无私利人"的财税金融行为；其三，包容那些偶尔表现为"单纯利己"的财税金融行为。简言之，创新的最低目标应当是有效遏制并防范"损人利己、纯粹害人、害己"的财税金融行为，最大限度地控制财税金融风险，特别是系统性财税金融风险。

总之，建设现代财税金融体制必须尊重并顺应财税金融伦理行为的基本规律，包括财税金融伦理行为的原动力规律、行为目的的相对数量规律、行为手段的相对数量非统计性规律、行为类型的相对数量非统计性规律以及行为类型的统计性规律。这些规律构成了建立现代财税金融体制的客观基础和价值依据，是"现代财税金融体制"的"压舱石"。任何缺乏这些核心"压舱石"的财税金融体制创新，都将因缺乏必要的内在动力与支撑，无法实现其最终目标——不断满足人民日益增长的美好生活需要。

（原载《华尔街金融》，2015-09）

# 15 / "双节"才是促进共同富裕的关键

"共同富裕"不仅是中国梦的理想目标,也是全球社会治理追求的永恒主题。然而,要实现共同富裕的梦想,迈向或逐步接近理想的社会治理状态,必须抓住根本与关键,才能事半功倍、如愿以偿。

促进共同富裕理想目标实现的关键与根本就在于如何有效"节制"政治权力与资本权力。紧紧把握并落实这两个"节制"措施,是推动共同富裕目标尽快实现的核心途径。唯有在政治权力与资本权力的"双节"上取得突破,才能为实现共同富裕提供坚实的保障和有力的推动力。

一方面,资本权力的"失节"会导致资本对劳动者的剥削,进一步加剧劳资之间经济权利与义务交换的不公。这种不平等使得资本拥有者的经济权利大于其应负的义务,进而使劳资双方以及国民之间在物质和精神产品上的交换失衡,导致贫富差距的拉大,造成所谓的"第一次分配"不公。另一方面,权力特别是财税权力的"失节"则会导致官员对国民财富的过度"剥夺",正如老子所言,"民饥,以其上食税之多"。这种情况加剧了官民之间经济权利与义务交换的不公,使得官员所享有的经济权利远超其应负的义务,从而使贫富差距进一步拉大,形成所谓的"第二次分配"不公。此外,"两权"的失节还会加剧社会与文化领域的权力失衡,导致"第三次分配"功能的弱化,进而削弱慈善、社会救助等促进共同富裕的机制和作用。简而言之,资本和政治权力的"双节"

是实现共同富裕的根本途径和关键要素。唯有在这一核心领域实现节制，才能有效促进社会公平，推动共同富裕目标的实现。

深究其因，首先可以发现，社会物质和精神财富的分配、公平的公共产品与私人产品交换，最终都取决于权力及其财税权力的合法性与监督的有效性。权利是在权力保障下实现利益索取和要求的基础，而义务则是在权力保障下的利益奉献。因此，权力及其财税权力的合法性，是确保权利与义务公正交换的前提和必要条件。逻辑上，要有效促进共同富裕，必须从"两权"的"双节"入手，重点放在如何规范和节制政治权力与资本权力的过度扩张。特别是，通过建立健全的权力及财税权力监督机制，提供与这些监督相关的公共产品，才能有力推动共同富裕的实现。实际上，忽视这一核心问题，任何有关促进共同富裕的建议和努力，都可能陷入事倍功半的困境，最终只能沦为"敲边鼓式"的形式主义表演，而难以触及社会深层次的不平等问题。

其次，共同富裕不仅仅是全体国民物质财富的共同拥有和丰裕，也包括全体国民精神财富的共同拥有和丰裕；既在于私人财富的共同富裕，也在于公共产品的共同富裕。而且，二者的实现与财税规则的优劣直接相关。因为财税规则由财税道德与财税法共同构成：财税道德是一种非强制性的规则，指引"应该如何"做；财税法则是一种强制性规则，规范"应该如何且必须如何"做。财税权力的合法性及其监督的有效性，直接或间接地与财税规则的优劣密切相关。简言之，财税权力的合法性越强，监督机制越有效，财税规则就越优良；反之，财税规则就越落后、不完善。进一步讲，财税规则的优劣直接决定了公共产品的性价比、供给的及时性与丰裕度等，也间接决定了私人产品的性价比、供给的及时性与丰裕度等。特别是，制度本身是典型的公共产品，它影响着一个社会经济活动的基本运行方式。比如，社会提供的经济制度是计划经济还是市场经济，直接关系到私人产品的创造与供给。四十多年来，中国市场经济体制的逐步建立，使得十几亿人民彻底告别了匮乏经济的困境，这是最典型的例证。然而，由于市场经济规则仍有诸多不完善之处，它也加剧了财富分配的不公，尤其是在"第一次分配"上，即私人财富的交换不公平，成为当前实现共同富裕所必须面对的重大障碍与挑战。

同理，一方面，改革开放以来，随着对财税权力的有效节制与监督，政治规则的优良性有所改善，政治清明度逐步提高，国家在提供公共产品方面取得了一定进展。全体国民对公共产品的拥有度和丰裕度显著提升，这一成果必须以客观理性进行认可。然而，另一方面，尽管政治规则已有改善，但依然存在不少不完善之处。权力监督机制尚未完全实现"闭环"，仍有一定程度的权力寻租与腐败现象。这导致政府提供的公共产品在"性价比"方面未达到理想状态，产品的供给及时性、数量和质量等方面仍存在提升空间。此时，第二次分配（即政府通过税收和再分配政策的手段）应肩负起更大的责任，助力共同富裕的实现，确保全体国民在物质与精神上的共同富裕。不仅要实现贫富之间的共同富裕，还应致力于实现官民之间的共同富裕。唯有如此，才能从根本上消减或消除加剧社会不平等的根源问题，特别是解决"两权"失节的问题。只有通过严格节制与监督政治权力和资本权力，才能推动整个社会走向共同富裕，满足人民日益增长的美好生活需要，并最终完成民族复兴的中国梦。

最后，期待通过对"两权"的"双节"，进一步实现对政府社会权力与文化权力的有效节制与监督。一方面，必须不断提供高性价比的权力监督类公共产品，彻底斩断权力与资本合谋、加剧贫富差距的"铁链",消减权力的"剥夺"与资本的"剥削"力量。另一方面,在促进"两权"的"双节"过程中,也应通过不断提供高性价比的社会与文化权力监督类公共产品,制约和遏制政府、资本与社会文化权力联手剥夺与剥削的现象,从而全面促进劳资关系,特别是官民之间在物质财富、精神财富、公共与私人产品等方面的权利与义务交换的公正与平等。这意味着要实现基本权利与义务的完全平等,并确保非基本权利与义务分配交换的比例平衡,最终实现共同富裕这一理想目标。

总之,要尽快实现共同富裕,根本和关键在于对"两权"的有效"双节",以及对政府社会与文化权力的有效监督与节制。然而,由于中国几千年"官本位"社会形态的沉疴与痼疾、几十年计划经济惯性以及社会主义初级阶段的特殊性等消极因素的存在,推动全体国民物质财富与精神财富、公共产品与私人产品的共同富裕,依然面临巨大的挑战。实现这一目标,任重道远,必须负重前行。这不仅需要市场经济规则的进一步完善和优化,也有赖于"全过程民主"效能的尽快展现,全面夯实财税权力的合法性与监督有效性的制度基础,真正实现将政府的各种权力与资本权力纳入"制度的笼子",确保权力得以合法行使,推动共同富裕的理想早日实现。

(原载《财政监督》,2023-07)

# 16/"正确花钱"是现代财税改革必须直面的挑战

党的十九大报告提出要"更好发挥财政在国家治理中的基础和重要支柱作用"。前总理曾在答记者问时指出:"一个国家的财政史是惊心动魄的。如果你读它,会从中看到不仅是经济的发展,而且是社会的结构和公平正义的程度。"这一论述表明,财政治理在国家治理现代化中占据着核心和枢纽的位置,财税治理的优劣直接影响到国运的兴衰,关乎每个国民日益增长的美好生活需求是否能够得到满足。

然而,现实中,由于多种主客观因素的影响,财政通过管理公共资金收支活动来为国民提供和生产公共产品与服务的初衷,往往与其实际效果相背离,这一现象可以被称作"财政初衷悖论"。深入分析其原因,核心问题在于政府未能"正确花钱",未能有效地提供足够且优质的公共产品与服务。

这一现象无论在古代还是现代,无论在国内还是国外,都普遍存在,差异仅在于其规模和程度的不同。无疑,这也是中国财税改革必须直面的现实问题,并且是现代财税改革一直面临的最大瓶颈。逻辑上,如何突破这一瓶颈,直接决定了现代财税改革的成败,关系到国运的兴衰,以及每个国民"美好生活"需求的满足程度。

现代财税治理是一个涉及公共资金收支权利与义务的"德定"与法定规范体系。从历史和哲学的角度来看,人类设立和发展财税制度体系的初衷,最终目的是增进全社会和每个国民的福祉,满足全体国民不断增长的"美好生活"需求。财税制度不仅仅是经济行为的规范，更是社会公平正义、资源配置和公共福利的重要保障。

具体而言，现代财税治理的目的，可以是促进物质财富的创造，推动经济活动的发展；也可以是促进精神财富的积累，推动文化产业的繁荣；又或者是维护人际关系的和谐与社会的安全。此外，财税治理的目标还可能包括推动政治清明、法治公正、德治良善、道德优良以及生态环境的可持续发展等方面。更有流行观点认为，财税治理的核心任务是更好地聚集财富、合理配置资金，以实现宏观经济调控、确保国民收入分配的公正等目标。因此，凡是偏离这些财政"初衷"的现象，都可以称为"财政初衷悖论"，即财税治理在某些方面的局部失败或未能实现其理想目标。换句话说，财政目标的实现应以全社会福祉的提升为最终导向。

当政府未能"正确花钱"时，意味着公共资金收支的权利与义务交换没有遵循公正和平等的原则。在这种情况下，政府的"花钱权利"既大于国民作为纳税人的义务，也大于政府自身应承担的责任。简单来说，政府未能有效履行"正确花钱"的根本原因在于财税权力合法性和合意性的缺失，及其在使用过程中的监督与制衡机制的不足。

进一步而言，政府要做到"正确花钱"，不仅取决于税收等财政收入的数量及其筹集过程的道德性与文明性，也取决于预算"用之于民"的规模和合意性，特别是预算在"满足民众真实需求"方面的精准度、数量和质量。换句话说，政府提供的公共产品与服务，必须能够真正契合大多数国民的实际需求，确保足量、优质且及时供应。

从逻辑上看，要突破政府"正确花钱"的瓶颈问题，关键在于解决财税权力的合法性与合意性问题，以及建立起财税权力使用过程中的"闭环式"有效监督机制。可以说，财税权力的合法性与合意性问题的根本解决，需要依赖国家治理体系和治理能力现代化的全面推进。毕竟，财税权力的"闭环式"有效监督，本身就是建立在国家治理体系和治理能力现代化的基础上的。

当然，这并不是说，在实现国家治理体系和治理能力现代化之前，面对政府没有"正确花钱"的现实挑战，财税改革可以毫无作为，或静待理想条件自动降临，期望"闭环式"有效监督机制自然而然地形成。事实上，鉴于财税治理在国家治理体系中的关键枢纽作用，财税改革完全可以主动作为，通过改革推动国家治理体系的优化和升级。目前学界普遍认为，财税改革是国家治理体制改革的"突破口"，并且是一个相对成本较低、风险较小的突破点。甚至可以说，财税改革是国家治理体制改革的"最佳突破口"。

进一步说，由于财税制度由财税道德和财税法两大体系构成，优化财税制度实际上意味着这两个体系的同步优化。首先，需要通过构建优良的财税道德规范体系，借助舆论引导和教育的非权力性手段，调节和理顺所有财税利害行为，特别是对政府财税行为的规范，以确保政府能够"正确花钱"。其次，也需要通过完善的财税法律规范体系，依靠法律的强制力和行政手段，调节和规范那些具有重大社会效应的财税行为，尤其是对政府重大财税行为的有效监管。

逻辑上，由于道德是法律的价值导向体系，因此，首先必须制定优良的道德规范，随后才能在其指导下制定良法。优良道德的制定并非随意，而是必须基于对社会道德终极目的以及人际利害行为规律的科学认知，进而从中获得真理性的道德价值，再通过道德价值判断来推导具体规范。同理，优良财税道德规范的制定也必须基于对财税道德终极目的及财税利害行为规律的正确理解，从真理性的财税道德价值出发，进一步推导出具体的道德规范。

坦率来说，政府"错误花钱"的原因可能是多方面的，既可能受到"资本"的影响，也可能源于"组织"内部的结构性问题，甚至与"信仰"体系的偏差有关。

当代美国学者约翰·肯尼思·加尔布雷思曾指出："就权力的行使手段而言，人格、财产和组织作为权力的最终来源，几乎总是相互联系、共同存在的。"因此，有必要通过道德与法律的制衡，对"人格、财产和组织"等权力资源进行有效制约，防止这些权力资源成为政府"错误花钱"现象的诱因。

换句话说，对财税权力实施"闭环式"有效监督，显然是减少政府"错误花钱"现象大规模发生的根本途径和核心手段。实际上，政府"错误花钱"现象的背后，直接或间接地与财税权力的合法性以及其"闭环式"监督机制的有效性密切相关。逻辑上，要充分发挥现代财税金融体系在国家治理体系中的"基础性和支柱性作用"，必须正视政府"错误花钱"这一最大"瓶颈"问题。

需要特别强调的是，政府"花正确的钱"，必须先于并且比"正确花钱"的执行机制更为重要。换句话说，预算决策机制的科学性和有效性，优先于预算执行机制的科学性和有效性，虽然二者都是现代财税体制改革的重点与突破口。

（原载《澎湃新闻》，2020-11-26 ）

# 17/ 也谈税收正当性的确证

5月2日,《澎湃新闻》发表了刘守刚博士的鸿文《征税理由:税收的正当性如何来论证?》。在文中,作者从西欧国家现代化转型的经验事实出发,论证了一个观点:西欧之所以能够率先走向现代国家,部分原因在于其能够依据正当理由进行征税并获得纳税人的谅解,从而保障了私人财产权,积累了经济剩余,进而培育出了相对富裕的农民和市民,随着经济力量的增强,民众的话语权得以提高,国家的权力也随之增强。然而,在笔者看来,关于"税收正当性"的论证,更应是一个价值学的确证问题。因为事实证明,单纯的事实列举和归纳往往无法避免陷入"公说公有理,婆说婆有理"的局面,这样的讨论无法得到令人满意的结论。因此,税收正当性的价值论证应当更加系统化、深入化,避免偏向单一角度或仅停留在表面层次。具体来说,税收正当性论证的思路应如下:

第一,需要厘清"正当"的内涵。何谓"正当"?一般而言,"正当"是指在人际关系中应遵循的行为规范,或者说是"最起码的、最低限度的"行为要求。这些要求可以归结为"为己利他"这一基本道德原则和"不损人"(即纯粹为己)这一最低道德原则。而具有重大社会效应的、必须遵循的道德规范,则属于权力规范——也就是法律规范。正如何怀宏教授所言,"底线道德……的主要内容几乎等同于法律的要求"。从词源意义上看,"正当"也指人际关系中"应当"遵循的规范,即"不偏斜,公正平衡"的道德要求。简而言之，凡是符合"正当"道德原则或规范的行为，即为"正当"；反之，凡是不符合"正当"道德原则或规范的行为，即为"不正当"。

问题在于，不同社会根据各自的文化背景和历史发展，制定了不同的"正当"道德原则或规范，因此，"正当"在不同社会中呈现出多样的形态。有些社会认为"正当"即"应当"；有些社会认为"正当"即"公正"；有些社会认为"正当"即"权利"；有些社会认为"正当"即"能够产生尽可能多的善"；有些社会认为"正当"即"价值"；还有一些社会认为"正当"即"道德应该"。王海明先生认为，"正当"即"道德善"或"道德应该"。从本质上讲，"正当"是指"行为对社会道德需求、欲望和目的的效用性"，即符合"正当性"道德原则或规范的行为。换句话说，正当行为是根据"正当性"这一道德价值推导出来的，符合道德要求的行为便是"正当"的，反之则为"不正当"。然而，是否符合"正当性"，还需要根据具体问题进行分析，不能一概而论。

第二，我们需要深入探讨"正当性"的含义。所谓"正当"，是指符合"正当性"之道德原则或规范，具体来说，是根据"正当性"推导出的正当道德原则或规范。简而言之，"正当性"是指行为对于社会道德需求、欲望和目的的效用性，是"正当"道德原则和规范的内在依据，构成了这些规范得以推导出来的价值基础。如果一个社会将"正当性"认知为"真"，那么就可以据此推导出优良的"正当"道德原则或规范；反之，如果一个社会将"正当性"认知为"假"，就可能推导出低劣的"正当"道德原则或规范。这意味着，作为"正当"道德，其基本结构包括了"正当"道德原则或规范的形式和"正当性"（即正当道德价值）的内容。问题在于，我们无法直接从"正当性"推导出"正当"（即道德原

则或规范），中间需要一个"中介"——正当道德价值判断。正当
道德价值判断实际上是"正当性"的思想形式，而"正当"道德
原则或规范则是"正当性"——正当道德价值的规范形式。逻辑
上，只有那些与"正当性"（即正当道德价值）一致的正当价值判
断，才能被认为是正确的；而与"正当性"不一致的正当价值判
断则是错误的，相应地，依据这些错误判断所制定的"正当"道
德原则或规范也会是低劣的。简而言之，"正当性"是指行为事实
对于主体欲望、目的和利益的作用。由于不同的社会对"正当性"
的认知和评价存在差异，因而"正当性"也有真假之分。当然，
正当道德的目的可以是多样的，既有具体的、特定的目标，也有
总体的、根本的、核心的、终极的目标。但无论如何，正当道德
的终极目的是与社会创建一切制度规范的终极目的相同的，那就
是"增进全社会及每个国民的利益或福祉总量"。因此，这一终极
目标也应该成为评价正当道德原则或规范优劣的标准。

　　进一步说，"正当性"指的是行为本身的固有属性与其对正当
道德目的的效用之间的关系。任何有助于增进全社会或每个国民
的利益与福祉的行为，都是道德的、善的、正当的；反之，任何
减少社会整体或个人利益和福祉的行为，则是不道德的、恶的、
不正当的。这一定义意味着，正当道德的深层结构是由"行为事
实的固有属性"与"正当道德目的"两者共同构成的。因此，是
否符合"正当性"依赖于我们对"正当道德目的"的理解以及对
"行为事实的固有属性"的认识。只有当我们对正当道德目的的认
识和对行为事实固有属性的认识都是真实的，"正当性"才可能被
认定为真实。在此基础上，经过正当道德价值判断，才可能推导
出优良的正当道德原则或规范。反之，如果我们对正当道德目的
或行为事实的认识存在偏差，导致"正当性"判断为虚假，那么

经过价值判断推导出的道德原则或规范也将是低劣的。因此，"正当性"不仅是行为应遵循的道德原则和规范的内在依据，也是支配个体行为的信念。正是由于"正当性"的复杂性，亨廷顿曾指出，"正当性是政治分析中难以把握的概念，尽管如此，它却对理解二十世纪面临的种种问题至关重要"。

第三，需要辨析"正当"与"正当性"之间的关系。从"正当"和"正当性"的内涵与结构分析来看，首先，"正当"与"正当性"之间具有形式与内容的关系。即，"正当"作为道德规范或原则，是从"正当性"中推导出来的。"正当性"是内容，而"正当"则是形式。换句话说，"正当性"的真假决定了"正当"道德原则的优劣。另一方面，"正当性"作为"正当"道德原则是否成立的依据，其真假取决于人们对"正当道德目的"与"行为事实固有属性"的认知。如果对"正当性"的认知接近真理，那么从中推导出来的正当道德原则或规范便是优良的，它们有助于增进全社会和每个国民的利益和福祉，从而更好地"满足人民不断增长的美好生活需求"。相反，如果对"正当性"的认知偏离真理，那么推导出的道德原则和规范将是低劣的、不正当的，最终可能会削弱全社会和个体的福祉，无法有效满足人民的需求。

第四，如何确证"税收正当性"。基于对"正当"与"正当性"及其相互关系的分析，税收正当性的问题可以迎刃而解。首先，"税收正当"是指国民与国家在"就公共产品供求交换价格缔结、履行原初或衍生契约"活动中，应该遵从的正当道德原则或规范。简言之，凡是国民和国家遵循税收正当道德原则或规范进行契约的缔结和履行，其涉税行为即为"税收正当"；而凡是国民和国家违背这些原则或规范，其涉税行为即为"税收不正当"。税收正当的道德原则或规范是一个系统，包含多个层级：终极原则或规范，如是否增进全社会及每个国民的利益和福祉总量，并能满足"人民不断增长的美好生活需求"；最高道德原则或规范，如"人道、自由、平等、法治、限度"以及"政治、经济与思想自由"；根本道德原则或规范，如公正，包括完全平等原则与比例平等原则；具体的税收正当道德准则，如"诚信、便利、节俭"等。理论上，凡是遵循上述税收正当道德原则或规范的涉税行为，便是税收正当行为，亦即应当的且善的税收行为；而凡是违背这些税收正当道德原则或规范的涉税行为，则是税收不正当行为，是不应当且恶的税收行为。总而言之，税收正当不仅是涉税行为应遵循的道德原则或规范，也为判定具体涉税利害行为正当与否提供了道德评价的标准。

另一方面，"税收正当性"与"税收正当"虽有联系，但二者并不等同。税收正当性是指征纳税利害行为是否正当的性质，它是税收正当道德原则或规范得以推导出来的道德价值依据或价值导向系统。换句话说，任何税收正当道德原则或规范都必须符合"税收之本质"，也即符合税收的内在行为规律。唯有如此，才能成为实现税收正当性的基本前提。当然，税收正当性本身也是一种税收道德原则或规范，如"征纳两利"的正当道德价值。税收正当性是指税收利害行为是否"正当"的性质，它反映的是税收利害行为事实与税收正当道德目的之间的关系，并且与税收正当价值概念可相互替代。即，税收正当性就是指"税收正当道德价值"。只有当税收利害行为事实与税收正当道德目的的认知一致，税收正当性或税收正当道德价值才可能为"真"。因此，在这种前提下，通过税收正当道德价值判断，才能推导出优良的税收正当道德原则或规范。反之，如果对税收利害行为事实与税收正当道德目的的认知存在偏差（无论是"同假"或"一真一假"），那么税收正当性或税收正当道德价值便无法为"真",从而也无法推导出优良的税收正当道德原则或规范。逻辑上,由于不同社会对"税收正当性"的理解不同,且对税收正当价值的判断存在差异,最终形成了形形色色、优劣不同的税收制度和规范体系(包括税收道德和税法)。例如,基于不同的道德价值观,如利他主义、利己主义或己他两利主义,可以推导出不同的税制体系,而这些税制体系的优劣和高低位阶也不尽相同。简而言之,税收正当性是指税收行为是否正当的性质,而税收正当则是一种具体的税收道德原则或规范。税收正当性既取决于对"税收正当道德目的"的认知是否真实,也取决于对"税收征纳行为事实如何"的认知是否真实。只有当这两者都为"真",通过对"税收正当道德目的"的正确理解,才能从"税收行为事实"的真实情况中获得科学的"税收正当性"真理,也就是税收正当道德价值真理。只有在此基础上,通过"税收正当道德价值判断",才能推导制定出优良的正当道德原则或规范体系,并以此为价值导向系统,进一步推动完善税法和税制体系(包括税收道德和税法),最终使税收在国家治理体系中发挥其特有的"基础性、支柱性、保障性"和"枢纽性"功能。

总之,"税收正当性"与"税收正当"之间,既有联系,也有区别。税收正当性是税收正当道德原则或规范的价值依据,它是税收行为是否符合道德规范的性质。具体来说,税收正当性不仅是推导和制定税收正当道德原则的基础,而且为征税人与纳税人之间如何合理处理利害关系提供了"非权力规范"。要确保税收正当性的实现,关键在于价值论证的过程。在实践中,则需要依赖坚实的税权民意基础以及有效的"闭环式"监督机制。因为,权利本质上是"在权力保障下进行的利益索取或要求",而义务则是

"在权力保障下进行的利益奉献或给予"。这意味着，税收权的性质决定了征税人与纳税人之间在权利与义务交换中的完全平等性以及比例平等性。

（原载《财税法学前沿问题》（10），2023-10）

# 18/ 以"全结构"财税制度创新提振民企信心

　　民营企业家投身于全社会物质与精神财富创造的信心与道德热忱，不仅是保障民营经济高质量、可持续发展的核心动力，也是决定国家命运与兴衰的根本因素。换句话说，民营企业家对财富创造活动的信心越强，民营经济的后劲就越充足，其可持续发展能力也就越强，进而推动经济社会的高质量、低风险发展，有助于国家的长远繁荣与稳定。反之，若民营企业家缺乏信心，民营经济的动力和活力便会减弱，发展潜力也会受限，从而影响国家经济的长远健康发展，甚至加剧经济衰退。因此，习近平同志曾强调，"我国经济发展能够创造中国奇迹，民营经济功不可没"。根据全国工商联发布的《中国民营企业社会责任报告（2023）》显示，我国民营经济在促进经济社会发展、吸纳就业、推动创新以及参与公益慈善等方面发挥了重要作用。以 2022 年为例，民营企业助力经济发展取得了显著成效：规模以上民营工业企业的增加值增长了 2.9%；民营企业进出口总额达到 21.4 万亿元，增长了 12.9%，占我国外贸总额的 50.9%，对外贸增长的贡献率高达 80.8%；民营企业贡献的税收收入为 9.5 万亿元，占企业税收总额的 56.9%。有学者指出，民营企业在推动经济发展、维护社会稳定与和谐方面做出了重大贡献，已经成为我国发展的重要支柱。"民营经济是推动中国式现代化的重要力量。"总而言之，民营企业对社会的积极贡献不可忽视，更应得到充分重视。

　　然而，遗憾的是，在相当长一段时间里，社会舆论对民营企

业的贡献缺乏足够关注，甚至有声音认为民营企业的历史使命已
经完成。与此同时，疫情后的国内外经济下行压力、地缘政治冲
突的不断升温，以及全球化与逆全球化潮流的交替推进等负面因
素交织在一起，导致民营企业投身财富创造活动的热情锐减，信
心大幅受挫，部分中小企业家集体"躺平"。尽管国家高层领导频
繁发表支持民营经济和企业家的重要讲话，出台多项政策鼓励民
营企业发展，媒体对民营企业的舆论宣传也日益加强，但实际效
果却不尽如人意，民营企业经济主体的积极响应者寥寥无几。由
此，部分急于入世的声音纷纷提出建议，而一些持观望态度的人
则静待时机。问题的关键在于，我们应从哪些方面着手，才能打
破当前的僵局，有效提振民营企业家的创业信心，推动中国经济
重新回到可持续发展的良性轨道上来。

　　"全结构"财税创新可能是推动改革的重要选项之一。因为财
税在国家治理体系中占据着至关重要的地位，它不仅具有"支柱
性"和"保障性"的功能，还承担着"枢纽性"的作用。通过高
效的收支活动，财税可以为社会提供高性价比的公共产品，尤其
是那些典型的制度类公共产品。这些公共产品为全社会每个成员，
特别是民营企业家，提供了结构合理、数量充足且可持续的制度
支持。这不仅能增强民营企业家投身经济和文化产业的信心，激
发市场经济的活力，还能有效化解人际关系矛盾与冲突中的系统
性风险，为民营企业家的创新活动营造良好的社会环境。同时，
科学完善的财税制度还能够助力政治清明，抑制腐败与寻租行为，
保障民营企业家权利不受侵害，推动全民共同富裕，并促进道德
与法律的良善，最终实现生态环境的可持续发展。为了实现这些
目标，财税理念必须是科学和先进的，财税制度的规则要优良，
治理过程也需高效与透明。换句话说，财税体系的结构应当是科

学合理的、全面且优化的。因为结构决定了功能和作用，结构越科学合理，财税制度的社会功能和作用就越大且更持久；而如果财税结构缺乏科学性和合理性，其积极的社会功能和作用则会受到严重制约，变得有限而短暂。

进而言之，科学且优良的财税结构应当是"全结构"制度优化的结果。这种优化不仅仅局限于收支活动中具体要素的财税制度结构，还应包括财税道德与财税法所构成的规范结构、财税权力与非权力的本质结构，以及内容与形式上的财税基本结构。此外，还应包括价值认识、价值判断与价值规范的完备结构，以及对财税制度终极目的、财税利害行为规律的认知，以及财税价值构成的深层价值结构优化。换句话说，只有这六大制度结构的全面创新与优化，才能最大限度地发挥财税在国家治理体系中的独特作用与功能，提振全民，尤其是民营企业家投身财富创造活动的信心，激发其创新精神，从而为中国经济的持续高速发展汇聚源源不断的动力，确保国家的持续兴盛。

也就是说，"全结构"财税制度创新意味着现代文明的核心价值已经实质性、全面地"嵌入"财税理论、制度规范及其治理全过程。具体来说，这也意味着社会主义核心价值观已经全面、实质性地"嵌入"财税理论、制度规范及其治理的全过程。具体而言，"全结构"财税制度创新的要义如下：一是能够以增进全社会及每个国民的利益、福祉、幸福与尊严总量作为判定"全结构"财税制度创新得失成败的终极价值原则和标准。在财税主体之间利益尚未发生根本性冲突，且可以实现两全的情况下，能够以"不伤一人而增进所有人利益"的"帕累托最优原则"作为判定"全结构"财税制度创新成效的终极分标准；而在财税主体之间利益已发生根本性冲突且无法两全的情形下，则应以"最大多数人的最大利益"之"最大净余额原则"作为判定"全结构"财税制度创新得失成败的终极标准。二是能够以人道自由原则作为判定"全结构"财税制度创新得失成败的最高道德价值标准。这不仅仅是以自由的一般原则——平等、法治与限度——作为最高道德价值的评价标准，也包括以自由的具体原则，如政治自由、经济自由与思想自由，作为最高道德价值评价的标准。三是能够以公正原则作为判定"全结构"财税制度创新得失成败的根本道德价值标准。具体来说，是通过完全平等原则与比例平等原则来作为判定"全结构"财税制度创新得失成败的根本道德价值标准。四是应当以诚信、便利和节俭等为判定"全结构"财税制度创新得失成败的重要道德价值标准。对此，英国税收学者詹姆斯·莫里斯曾指出，税制设计"既要尽可能简单、透明，提高经济和管理效率，避免对民众和各种经济活动进行随意和有差别的征税，又要确保政府能够筹集足够的收入，满足支出需求和收入分配目标。"也就是说，财税表层结构中的技术要素优化在其尚未与上述终极、最高、根本价值标准发生冲突时，依然具有重要的价值和意义，且其作用不可忽视。

总之，唯有通过"全结构"财税制度创新，才能不断接近理想的财税制度，真正理顺国民与国家、征税人与纳税人之间"目的与手段"的交换关系，确保国民和纳税人作为权利主体的地位长期稳固、坚实。唯有如此，才能真正实现政府与财税"必要的恶"在"结果善"上的转化，最大限度地提振全民，尤其是民营企业家群体，积极投身全社会物质和精神财富创获活动的信心，激发全社会参与财富创造的首创精神与创业热情，进而促进国运的可持续兴盛。因为"全结构"财税制度创新，不仅建立在人们对社会创建财税制度终极目的的科学认知之上，也源自人们对财税利害行为事实规律的科学理解。通过这一过程，基于真理性的财税价值判断，我们能够推导出优良的财税道德原则，再根据这一道德原则制定出高效、合理的财税法，并通过有效的实施和执行，发挥其积极的社会功能与作用。因此，唯有"全结构"财税制度创新所确立的方向，才是理性、客观的，并且具有最稳固的人性心理基础和真理性的财税价值基础，才能真正促进全社会以及每个国民利益、福祉、幸福与尊严的提升。只有这样的财税道德与财税法，才能获得最大多数国民和纳税人自觉践行和遵循，进而最大限度地发挥财税在国家治理体系中的独特作用，切实提振全民创造财富的信心，特别是为民营企业群体的创业信心注入动力，点燃他们持续致力于财富创造活动的激情。

（原载《深圳特区报》，2024-01-30 ）

# 19/ 税制改革要谨防"四大误区"

党的十八大报告从全局和战略的高度,明确提出要全面深化经济体制改革,并针对当前及今后一个时期加快改革财税体制、完善公共财政体系提出了具体要求。报告强调,加快改革财税体制,健全中央和地方财力与事权相匹配的体制,完善促进基本公共服务均等化和主体功能区建设的公共财政体系,构建地方税体系,形成有利于结构优化、社会公平的税收制度。

"财政是国家治理的基础和重要支柱"。具体来说,财政本质上是对公共资金收支活动的治理,主要涉及公共产品的生产和供给所需资金的管理。治理活动的效率直接影响到公共产品的性价比,也决定了财政治理终极目标——增进全社会和每个国民福祉总量——的实现程度和效果。当前的财税改革,特别是税制改革,需要避免以下"四大"明显误区。

## 误区一:只盯着"减税"

目前,"减税"作为税制改革的共识,无疑得到了最广泛的民意支持。学界、企业界、媒体等各方长期以来都倡导"减税",而政府也确实做出了"结构性减税"的积极回应。"减税"意味着政府减少税收负担,纳税者的负担得到减轻。科学的减税政策,实际上也是对税权的一种制衡与限制,有助于防止税权的滥用和不当行为,从而促进纳税者福祉的提升。

问题在于,减税的逻辑深处似乎存在一种误解,即将"零税负"视为最终目标。然而，显然这种观点违背了人类设立税制的终极目的。减税是有一定限度的，这一点孟子早就指出："欲轻之于尧舜之道者，大貉小貉也；欲重之于尧舜之道者，大桀小桀也。"

也就是说，如果将"减税"作为税制改革的终极目标，逻辑上是无法自洽的。"减税"只是税改中的一个具体目标，或者说是阶段性目标。或许正因为如此，政府提出的"有增有减"的"结构性减税"概念，替代了单纯的"减税"，从而避免了"聚财式"税改的价值导向。

因此，单纯以"减税"为目标的税制改革注定是有限的，难以触及税制改革的根本目标。更何况，在税权缺乏有效"闭环式"监督机制的现实情况下，政府提供的"减税"规模和统计数字，其可信度本身就存在疑问，难以经得起深入的终极追问。

这一切都表明，"减税"不是税改的全部，更不是税改的根本目标。

### 误区二：偏好税负的"谁"负

税负的"谁"负，也就是总体税收负担由哪些纳税者承担的问题，实际上是纳税义务公正分配的问题。显然，不同纳税者之间的纳税义务分配应遵循纵向公正原则——比例平等原则。具体而言，那些借用公共资源或公共产品创获更多财富的纳税者，应根据财富创获的比例承担更多的税负，承担更多的非基本纳税义务。

而相同纳税者之间的纳税义务分配，则应遵循横向公正原则，即借用公共资源或公共产品创获的财富相同的纳税者，应承担相同的税负，履行相同的纳税义务——这通常是指基本纳税义务。比如，免征额和起征点的设计，正是体现这一原则的典型例子。

同理，不同的纳税者应享有并行使不同的权利——非基本权利；而相同的纳税者应享有并行使相同的权利——基本权利。

然而，税负的"谁"负，仅仅是一种较为局部的税收公正，它调节的是纳税者之间的权利与义务关系，主要影响的是纳税者之间权利与义务的公正分配问题。更为根本和前提性的税收公正，涉及征纳税者之间的权利与义务的分配问题——征纳税者之间的基本权利与义务的完全平等分配问题，以及非基本权利与义务的比例平等分配问题。换言之，就是"取之于民，用之于民"，尤其是"用之于民之所需"的问题。

毫无疑问，征税者与纳税者之间权利与义务的公正分配状况，决定并制约了纳税者之间的权利与义务的公正分配。前者属于"大"公正，后者属于"小"公正，而前者的公正决定了后者的公正。

进一步而言，权利是权力保障下的利益索取，义务是权力保障下的利益奉献。虽然权力本质上是一种强制力，但未经同意的强制力仅仅是"强力"，只有在被管理者同意的情况下，这种强力才能转化为"权力"。在强力保障下的利益索取不等同于权利，而在强力保障下的利益奉献也不等同于义务。因为，只有在合法税权保障下，征纳税者和纳税者的利益索取才算是"权利"，只有在合法税权保障下，征纳税者和纳税者的利益奉献才算是"义务"。

因此，税负的"谁"负，同样不是税改的根本目标。征纳税者之间的权利与义务的公正分配，才是税改的根本目标，但这也不是唯一目标，更不是最高目标。税改的最高目标应该是税权的民意基础，即尊重纳税者作为权利主体的地位，建立以纳税者为主导的税制。

具体来说，在决定交多少税、如何交税、在哪个环节交税、如何进行税收减免等重大涉税事项时，应当广泛听取绝大多数纳税者的意见，尊重他们的涉税意志，而不能让个别人的意志随意代替。尤其是在转型期间，必须建立纳税者的利益表达机制，真正尊重和敬畏纳税者的权利主体地位。

误区三：沉湎税种"细节"的优化

税种是"税收种类"的简称，不同的征税对象和纳税人是区分一个税种与另一个税种的主要标志。通常，税种由征税对象、纳税人、税目、税率、纳税环节、纳税期限、缴纳方法、减税、免税以及违章处理等要素构成。

因此，不同税种的组合与选择可以作为税制改革的阶段性目标，是税改实践中必须面对的课题。关键在于，哪种税种组合最能有效促进税收的终极目标——增进全社会和每个国民的福祉总量，这才是税改的核心问题。

根据不同的标准，税种可以分为多种类型。例如，按征税对象可分为：对流转额的征税、对所得额的征税、对资源的征税、对财产的征税、对行为的征税；按税收管理和使用权限可分为：中央税、地方税、中央地方共享税；根据税收与价格的关系可分为：价内税和价外税；根据税负是否易于转嫁可分为：直接税和间接税；根据计税标准的不同可分为：从价税和从量税；等等。

实际上，一个国家在创建和改革税制时，究竟应选择哪些税种组合，依据可能各不相同，但"简便、简洁"的原则，应该成为首选标准。这一原则能够有效降低征纳税成本，从而提升税制的整体效率，减少税制改革对纳税人和征税机构的负担。

在税制改革中，直接税与间接税的占比和选择具有相对重要的权重。这是因为，间接税的纳税义务人与负税人通常是分离的，纳税人往往可以将税负转嫁给消费者。而直接税则要求纳税者直接缴纳税款，每一分钱的缴纳都是公开的，且不可转嫁。因此，直接税能够更有效地促使公民对政府进行监督。正如约翰·S.密尔所言："如果都是直接税，人们对税收的感知将会更为强烈，对政府的监督动力也会更强。直接税可能让人感到痛苦，但也让人意识到，养一个政府是非常昂贵的，因此必须对其支出进行严格监督。"当代日本税法学者北野弘久也认为，在间接税体系下，纳税人常常被置于"植物人"状态。在这种情况下，纳税人无法行使国民主权下应有的监督权力，也无法有效控制政府的税收行为。与直接税相比，间接税还可能削弱自由竞争和市场交换的公平性。因此，马克思曾主张："在两种税制之间做选择时，我们建议完全废除间接税，转而普遍采用直接税。"

因此，理性分析表明，一个优良的税制应当以直接税为主，间接税为辅。正如前述，间接税的一个致命缺陷是，它可能使纳税人处于"植物人"状态，麻痹纳税人的权利意识和税负感知，进而使纳税人自觉或不自觉地放弃对政府征税权和用税权的监督，忽视自己作为税收主体应有的权利保护。

当前中国的税制结构仍处于"间接税为主，直接税为辅"的状态。从1994年起，间接税的比重超过了75%，而直接税的比重不足25%。到2011年，间接税的比重仍然超过70%，而来自所得税及其他税种的收入合计不足30%。2013年，间接税的比重降至60%以上，直接税的比重则超过了30%。有观点认为，2013年，以增值税、营业税和消费税为主体的间接税占比约为68%，而以企业所得税和个人所得税为主体的直接税占比约为25%。

简而言之，税制改革的关键任务之一就是在不同税种之间做出合理选择，并逐步降低间接税的比重，提升直接税的比重。税种内部要素的调整并不是税制改革的唯一或根本目标，只是一个相对重要的税改目标而已。

误区四：不断开征"新税"

近年来，不断开征新税种似乎已成为新一轮税制改革的目标之一。拟议中的环保税、房地产税、资源税，以及未来可能开征的遗产税、赠与税等，已经或即将成为税制改革的重要议题。尽管新税种的开征有助于在形式上优化税制结构，但从本质上来看，这种"聚财"导向的税种扩展可能逐渐压缩和减少民间的可支配财富总量，进而与完善市场经济发展的大趋势和基本要求相悖。

显然，开征新税种不能成为税制改革的唯一目标或最重要目标。坦率地说，税制改革的终极目标是建立一个有助于增进全社会和每个国民福祉总量的税制；其最高目标是建立由纳税人主导的税制；根本目标则是实现征税人与纳税人之间权利与义务的公正分配。

税制改革的核心目标，是建立以终极目标、最高目标和根本目标为核心价值标准的优良税制。具体而言，如何走出"减税"、税负分配中的"谁"负、税种细节的优化以及不断开征新税种的四大误区，回归税制改革的核心价值导向，才是税制改革的关键所在。

（原载《深圳特区报》，2016-05-10）

# 20/ 税负研究应谨防"幸存者偏差"

　　税负的轻重，一直是古今中外纳税人最为关注的核心问题。近年来，中国关于税负高低的争论可谓此起彼伏，一波更比一波强。2016 年，天津财经大学李炜光教授提出"死亡税率"一词，直接将这一问题推向了高潮。随之，曹德旺等企业家也纷纷发声，税企、税学界以及政府与民众之间的张力急剧上升，税负问题成为媒体和社会各界讨论的热点话题，这股热议至今未见消退。尤其是在中国经济发展内外部环境发生重大变化的当下，税负高低的争论，已经成为"减税"政策出台的重要依据之一。

　　不可否认的是，无论是认同"死亡税率"观点，还是支持减税、维持现状或实行增减结合的政策，每一方都面临一个共同的问题：其所依据的调研样本往往并不全面，更多的是局部的视角。毋庸置疑，税负争论双方所依据的调研样本并非涵盖所有企业，而是有限的，而且尤为致命的是，这些调研样本大多来源于"幸存者"企业，即那些依然存活的企业。换句话说，所有的调研都没有包括那些已经注销、逃逸或成为"僵尸企业"的单位——这些企业早已停止了财富创获活动。因此，逻辑上，这样的调研结论不可避免地受限于"幸存者偏差"，无法提供完整的税负影响视角。这意味着，那些已经"死亡"的企业——尤其是因税负过重而关停的企业——被有意或无意地"排除"在调研之外，无法表达它们的"死亡"原因。显然，这既是不公正的，也是不科学的。基于这样的调研结论来作为"减税"政策制定和减税幅度决策的依据，无论如何都显得不具备足够的说服力。

事实上，众所周知，"幸存者偏差"这一概念最早来源于统计学家沃德。在第二次世界大战期间，英美军方为加强战机保护，进行了战后对幸存飞机弹痕分布的调查。当时，最初的防护建议是针对弹痕较多的区域进行加强防护，但沃德提出应当关注弹痕较少的区域，因为这些飞机一旦在这些部位受损，很难再飞回基地。他指出，忽视这些"弹痕少"的区域，防护措施反而可能无法有效降低战机损失。

"幸存者偏差"的概念可以通过一个生动的故事来形象表达。古罗马的西塞罗讲过一个故事，讲述了一群宗教信徒在一次沉船事故中幸存下来。这些幸存者后来请人绘制了一幅画，画中描绘的是信徒们在沉船事故中虔诚祈祷的情景，并以此来宣扬他们正因为虔诚祈祷，才在事故中幸存。然而，当一位无神论者看到这幅画时，他反问道："那些祈祷但最终淹死的人在哪里？"这个故事启示我们，在分析事物时，不能只看到表面的"幸存者"，还要关注那些未能幸存的群体，注意"沉默证据"的存在，并从不同层次和角度评估其价值，同时要排除因随机性导致的偏差。

"幸存者偏差"给我们的启示是，在分析和解决税负问题时，必须保持系统性思维，全面审视问题。我们不仅要关注幸存者（即那些仍在运营的企业）的税负状况，还要关注那些已停止财富创造活动的企业（"死亡企业"）。这意味着在调研中，必须包括失败样本（"死亡企业"）的数据，避免片面性。调查样本的选择应尽可能广泛，涵盖幸存企业和已退出市场的企业，以便获得更全面的数据和结论。此外，我们还应透过税负的表象，深入探讨其本质。税负轻重的表面现象不应迷惑我们的判断。税制改革的根本目标，绝不仅仅是调整税负的轻重，而应是通过更加公平、有效的税制，促进经济的健康发展。因此，我们在进行税负分析时，必须跳出传统的思维框架，既要"见树木"也要"见森林"。在数据分析时，既要注意其精确性，也不能盲目迷信数据本身，尤其是当这些数据存在样本局限性和科学性缺失时。

进一步来说，在认识和分析税负轻重问题时，必须自觉警惕"幸存者偏差"的思维误区。当前，我们缺乏对"死亡"类企业的税负调查数据和分析报告。我们并不知道究竟有多少企业因为税负过重、税率过高而终止了财富创造活动，也不清楚哪些行业、发展阶段、地域或所有制形式的企业，因税负过重而选择退出市场。更无法得知在这些"死亡"企业中，究竟有多少是因税负过重致死的。更重要的是，我们还无法确定有多少企业是因非税负担重，或者因为"烦琐"的制度性成本过高，而不得不停止财富创造活动。原因很简单：任何一家企业的退出，背后往往有多种因素。除了税负问题，企业的退出还可能与创获财富主体——企业家个人因素或营商环境等客观因素密切相关。从逻辑上讲，只有基于全面且准确的税负调查数据，特别是对那些已经终止财富创获活动的企业的税负数据和分析报告，才能真正为"减税"政策的制定提供科学依据，并增强政策制定者的信心和决策的合理性。

总之，中国税负高低之争应当适度降温，所谓的"死亡税率"是否成立，关键在于如何解决"幸存者偏差"问题。只有在克服这一偏差之后，制定出的"减税"措施才能更加科学、合理，真正激发中国企业家创造财富的动力和创新精神，从而为满足全体国民不断增长的美好生活需求，提供更多高性价比的产品和服务。

（原载《税伦理》，2018-08-18）

第三辑　策　论

# 01/ 参与国际税收竞争要练好"三功"

与以往国家出台的经济战略规划相比，我国提出的"一带一路"倡议具有显著不同。它不仅旨在促进国内区域经济的可持续发展，更是一个积极参与全球化经济竞争、推动国际间经济可持续发展的战略安排。因此，在"一带一路"倡议背景下，中国企业在参与国际税收竞争时，必须根据新的国际形势调整自身的战略和策略。

坦率地说，要在全球经济竞争中获得比较优势，并最终取得成功，中国企业和纳税人应当练好三个"功"：戒、定、慧。

"戒"意味着，在与其他国家缔结国际税收协议时，中国必须学会"自律"与"慎独"，避免重蹈市场经济初期不正常竞争的覆辙。这不仅是一种戒律，也是一条"底线"，更是减少企业在未来国际税收竞争中防范可能遭遇的诸多不确定性与风险的基本策略。

其中，一些得不偿失的非理性行为，显然包括那些急功近利、只顾眼前得失而忽视未来长期收益的恶性税收竞争。具体说，在与国际税收竞争时，中国必须严格遵守既定的国际税收协议与规则。而在此基础上，捍卫"不损人"的道德底线，积极推动并参与修改和优化那些明显突破道德底线的国际税收规则，这是中国作为大国义不容辞的责任与义务。

"定"意味着，必须坚持"为己利他"的原则参与国际税收竞争。唯有如此，才能保持冷静、理性地参与其中。具体而言，在与他国缔结国际税收协议时，应从中国及其企业和纳税人的利益出发，精心考量和评估双方国家及其企业和纳税人之间的利害关系。其中，要寻求利益最大化、损失最小化，做到利中求"大"，害中求"小"。毫无疑问，"为己利他"的原则具有相对稳定的人性基础，是调节国际税收关系的重要准则。

而且我们必须清醒认识到中国税制的初级阶段特征，切忌超越现实的国情与发展阶段。在参与国际税收竞争时，必须深入了解相关国家的税制性质、发展水平及其相对优势，唯有"知己知彼"，方能避免陷入被动。简单来说，只有在"定"功上做到稳健，才能在与强国的博弈中保持不卑不亢，捍卫中国及其企业和纳税人的基本权利，拒绝不公平的国际税收规则；而面对弱国时，才能真正遵循自由平等的国际税收原则，尊重各国的税收主权和公平地位。

"慧"意味着，中国企业在"走出去"参与国际税收竞争时，必须从更高的视角去审视问题，站得更远，思考得更深。在此过程中，应立足"善"的核心原则——公正和平等，来化解可能出现的系统性风险与不确定性。换句话说，中国企业要秉持择善固执的原则，积极推动现行支持"走出去"企业的国际税收政策和措施进行实质性的完善与修订。这不仅是要改进政策的执行，还要在思想上明确国际税收竞争中，如何清晰区分最高、基本、最低等不同层次的国际税收原则，并赋予其合理的功能与意义。

总之，要彻底改变目前中国在国际税收竞争中仅仅跟随由强国主导的规则、处于被动应对局面的现状，必须练好"戒、定、慧"三项功夫，聚焦于国际税收竞争理论的创新与突破。通过全方位反思现有的国际税收规则体系，从高处、远处、深处进行思考和改革，构建一个更加公正、平等的国际税收新制度。

（原载《公共治理》（第一辑），2018-05）

## 02/ 环保税立法当有的放矢

经过长时间的热议，备受关注的《中华人民共和国环境保护税法》立法和"费改税"工作终于在 6 月 10 日迎来了关键进展——国务院法制办公布了由财政部、国家税务总局、环境保护部起草的《中华人民共和国环境保护税法（征求意见稿）》。这意味着，中国的环境保护税法正式与公众见面，民众对解决当前大气污染、水污染、固体废物污染、建筑施工噪声、工业噪声等环境污染问题，必然会产生新的期待。

但必须清楚的是，环境保护税立法并不意味着能够一蹴而就地解决中国的环境污染问题，也不能在短期内实现蓝天白云、饮水安全、宁静生活环境的全面保障。因为环境污染的成因是多方面的、复杂的，涉及层次繁多的污染源，而现实中许多地区存在"有法不依"的现象，加之法律合意性本身的先天不足，都使得环保税的立法实施面临不少挑战。事实上，单就环保税作为一项法律的完备性和技术性要求而言，其并不足以承担全面解决中国环境问题的重任。它无法单独担当起增进全社会及每个国民健康福祉的全部责任，更不能一手包办复杂的环境保护工作。

首先，环保税立法的目的需要明确界定。例如，此次立法是为了"环保"本身，减少污染，还是仅为了完善税收法律体系？它是为了某些部门的财政收入，还是为了理顺税费关系？它是否旨在回应民间日益增长的环保意识，还是希望增进全社会和每个国民的健康福祉？又或者，正如《意见稿》所提到的，是为了"保护和改善环境，促进社会节能减排，推进生态文明建设"？毋庸置疑，无论列举多少具体目的，所有立法的最终目标都是为了增进全社会及每个国民的整体福祉。因此，这也应当成为评价所有法律优劣的根本标准。

其次，环境保护税要真正发挥消减污染的职能和作用，至少需要理顺和协调以下六大基本关系：

第一，要解决立法终极目标与具体目标的协调与平衡问题。环境保护税立法的具体目标虽然多样，但必须确保这些目标与最终目标——即增进全社会和每个国民的福祉——保持一致。如果具体目标与这一终极目标相违背，立法的效果可能会适得其反，不仅无法遏制环境污染，反而可能加剧污染问题。因此，所有立法目标都应无条件服从这一最终目的，避免偏离正轨。

第二，要解决排污成本与纳税成本的平衡问题。从理性经济人的角度来看，如果排污的成本大于缴纳环保税的成本，纳税人就有动力遵守环保税法。反之，如果排污成本低于环保税成本，企业或个人可能会选择逃避纳税义务。在这种利益博弈中，纳税者往往以最大化自身利益为首要考量。因此，如何通过调节税负，使得排污行为的成本高于纳税成本，是确保环保税制度有效性的关键。

第三，要解决征税与用税关系的平衡与协调问题。从逻辑上讲，征税的目的不是单纯的"征税"，而是为了实现更高层次的目标——即为国民提供高性价比的公共产品和服务，而这一切的最终目的是增进全社会和每个国民的福祉。税收的本质是"取之于民，用之于民"，并且应当回应国民对更好公共产品的需求。具体到环保税，纳税人缴纳环保税应当是为了从政府获得高质量的环境类公共产品和服务，例如清新的空气、安全的饮水、宁静的生活环境等。如果环保税立法无法有效提升这些公共服务的性价比，纳税者对环保税的遵从度便难以提高，也难以实现其预期的环境保护效果。

第四，要解决环保税执法要求与纳税者污染程度检测技术的平衡与协调问题。环保税的征收与执法，需要依赖污染程度的准确检测。然而，环保税的征收与技术检测之间往往存在不协调之处。理想中"应该征收"的税收，未必能够在现实中顺利执行。这是因为征税依据（即污染程度的准确评估）是税收执法的前提条件。如果污染程度无法准确检测，税务机关就无法依法征税。即使环保税顺利通过立法，在实际执行过程中也可能面临技术难题，尤其是污染程度的准确评估。更不用说《意见稿》中所涉及的税务机关和环保部门的协调问题，诸如信息共享、技术认定和权责划分等实际操作中的可行性，以及复杂的社会环境和未来环境保护所面临的不确定性等问题，都会对税收的实施造成挑战。

第五，要解决权责关系的平衡与协调问题。如果环保税立法在征税权和执法权方面没有明确界定，可能会导致执法机关与环保部门在责任划分上产生推诿扯皮的现象，从而偏离环保税立法的初衷和最终目标。理论上，税务机关可以利用其征管优势，环保部门则可以发挥污染监测技术的专长，共同应对污染问题。但在转型中的现实情境下，因权责不清、问责机制不强，以及诸如人情面子、关系网等因素的影响，可能导致"有法不依"或"有法难依"的问题，进而影响环保税法的实施效果。

第六，要解决污染认定与未来污染范围、对象、程度等要素不确定关系的平衡协调问题。不可否认的是，《意见稿》目前仅列举了四类主要污染作为税法治理的对象。然而，常识告诉我们，污染类型远不止这四类，尤其是那些尚未被全面认知的污染形式。

因此，环保税立法必须预留充足的修订空间，确保能够应对未来潜在的污染类型和治理需求，为未来的"扩围"提供法律保障。

当然，环境保护税立法面临的挑战不仅仅在于其是否能够承载"环保"的重任，还存在许多实践层面的难题。例如，税务机关日常管理和稽查职能的明确划分、环保税纳税人的涉税信息披露机制，以及纳税人权利保障问题等，这些都需要在立法过程中充分考虑和解决。在日益严峻的环境污染形势下，尽早推出环境保护税法无疑是立法者出于良善动机的努力，但关键在于如何避免因立法时的考虑不周或失误，导致最终偏离治理污染的根本目标。

（原载《深圳特区报》，2015-07-07）

## 03/ 国地税征管体制改革要啃硬骨头

国地税征管机构合作成为今年财税改革的热点话题。中办、国办印发的《深化国税、地税征管体制改革方案》正式公布，标志着这项改革进入了深入推进的新阶段。

自1994年实施分税制改革以来，国税和地税两套机构的分设一直是中国财税体制的重要组成部分。该改革的直接目的是解决当时国家财税治理面临的两大难题——"两个比重偏低"：中央财政收入在全国财政总收入中的占比偏低，以及中央财政在GDP中的占比偏低。因此，分税、分权、分机构的改革举措契合了当时财税体制改革的战略目标。事实证明，这种"分工"式的财税改革方案在实现当时目标方面取得了显著成效。它有效化解了国家财政面临的危机与挑战，增强了中央政府在宏观经济调节中的权威与实际影响力，并遏制了财政地方主义的担忧与倾向。可以说，自1994年以来，中国财政收入的连续高速增长，特别是在以增值税为主要税种的体系下，得益于这两套征管机构的有效运作。

问题在于，以解决"两个比重偏低"问题为初衷启动的分税制财税改革，随着其内在逻辑的发展和历史背景的变化，可能逐渐偏离了其最初的目标。例如，原本的"两个比重偏低"问题可能演变成了"两个比重偏高"的新问题。此外，围绕"两个比重偏低"展开的财税改革，实际上主要调节的是政府之间，特别是中央与地方政府之间的财政权力分配不平衡，聚焦的是"中央与省级政府之间财政收入的分配比例"问题。

然而，分税制导向的财税体制改革，一方面并未深入涉及中央与地方政府之间的义务分配的公正问题，特别是在省级政府以下的地方政府层级之间权力与义务的公正分配问题，即公共产品和服务提供的责任问题。另一方面，改革也没有充分考虑各级政府部门之间的财税权利和义务的公正分配。正因如此，政府内部在财税权利和义务分配上的不公，导致了整体政府提供公共产品与服务的效率低下、性价比不高，以及所供非所需等情况。

分税制导向的财税体制改革在运行了二十多年后，其弊端逐渐显现。其核心问题不仅在于，分工固然有助于提高效率，但合作同样能提升效率。这也正是此次国地税征管机构改革中推动合作的主要原因。不可否认，国地税两套机构的分工效率正在逐步降低，许多复杂问题亟须国税和地税两个机构的合作来解决，这种需求的产生恰恰是由于"分工"不够清晰、缺乏刚性规则的原因。

与 1994 年启动分税制改革时的背景不同，目前的财税体制改革所面临的挑战，虽然同样充满了风险与机遇，但其主要的压力来自外部环境。具体而言，挑战源于纳税人权利意识的不断觉醒，民众越来越关注政府公共产品的"性价比"。这种对公共产品和服务质量的"不满意"成为了当前财税改革的一大焦点。

新一轮财税改革，尤其是关于国地税征管机构合作的改革，其目标与以分税制为导向的财税体制改革存在本质区别。在当前阶段，表面上看似是对两个税务机关征管体制的改革，但实际上，其核心目标是解决"两个成本偏高"的问题——征管成本和纳税成本偏高。更重要的是，如何通过国地税征管机构的合作，降低公共产品与服务的成本，提高其性价比，从而满足全社会和每个国民日益增长的公共需求，提升社会福祉，防范可能爆发的系统性财税风险，以及由此引发的社会风险。

第一，国地税征管机构合作改革的首要难点在于，如何准确理解和明确这一合作导向的财税改革的真正目的。只有明确了这一点，改革才能避免方向性错误，避免将合作性的征管改革陷入单纯的技术性操作，而浪费这次历史性的财税体制改革机遇。

第二，国地税机构合作的难点在于，如何将"要我合作"转变为"我要合作"，从而解决合作的内在驱动力问题。真正的纳税服务应当意味着，纳税人交税后能够从政府那里交换到"高性价比"的公共产品与服务。换言之，建立起"我要合作"的动力机制，才是确保国地税征管机构长期合作的根本所在。

第三，国地税征管改革机构合作的另一个难点在于，基层税务机关面临的合作需求往往源于税制层面的落后。即使基层税务机关在合作上投入大量精力和资源，如果税制本身未得到优化，这种合作也难以实现降低征管成本和纳税成本的目标。

总体而言，国地税征管改革机构合作的难点在于明确改革目标、创建有效的动力机制，并化解财税体制的根本性问题。要使国地税征管改革取得显著成效，必须深入解决这三大核心问题。

（原载《深圳特区报》，2016-06-07）

# 04/ 后"营改增"时代必须直面三忧

"营改增"是指将"营业税"改为"增值税"的税种转型改革。从 2011 年经国务院批准，财政部和国家税务总局联合发布《营业税改增值税试点方案》开始，改革经历了三个阶段：首先是 2012 年 1 月 1 日启动的"部分行业、部分地区"试点阶段；接着是 2013 年 8 月 1 日开展的"部分行业、全国范围"试点阶段；最后是 2016 年 5 月 1 日实施的"所有行业"试点阶段。至此，改革全面完成，实现了营业税向增值税的顺利过渡。

关于"营改增"的重要性、必要性与现实意义，比如减少营业税的弊端（如重复征税、不能抵扣、不能退税等），其能够降低企业税负、促进社会良性循环、减轻企业负担等，本文不再赘述。这些效果尽管广泛被讨论，但究竟"营改增"的社会综合效应如何，仍需进一步调研与观察，且需要一个适当的时间段来验证。

或许，面对现实、面向未来，才是一种更加积极理性的选择。毕竟，从今年 5 月 1 日起，营业税已经暂时淡出中国的税收治理大视野。因此，与其纠结于尚未能完全印证的"营改增"效应之争，不如关注后"营改增"时代中国税制建设与改革所面临的新老问题，特别是一些重大问题。

首先，从"营改增"作为一种税种转型来看，后"营改增"时代无疑会面临诸多新问题。这些问题显然是由"营改增"引发的，亟须及时解决，否则将无法适应增值税征管系统的实际需要和要求。

从"营改增"试点的初步运行情况来看，不容忽视的是，由于增值税政策相较于营业税政策出台的频率更高，导致征税人与纳税人必须共同学习和相互适应。此外，增值税的计算方法和申报表填写较为复杂，而许多试点纳税人首次接触增值税及相关政策，且由于申报知识的不足，同样面临适应和学习的困难。

由于金税系统操作难度较大，短期内"营改增"纳税人难以通过一两次培训便能熟练掌握。因此，在金税系统操作、发票开具和申报填表等方面，纳税人可能会面临一些突出的困难。例如，税务大厅人员配置不足，12366 咨询热线来电量激增等问题也会随之出现。

一方面，不同行业的"营改增"纳税人需要一个适应增值税法规和政策的过程；另一方面，税务机关也需要一定时间来学习和逐步了解各行业的运行规律，以便更好地为纳税人提供服务。

其次，从"营改增"作为财税体制改革的一个子系统和具体目标来看，围绕"营改增"进行的财税配套改革也面临着一系列新问题。例如，"营改增"后，中央与地方政府之间的收入分成比例便成了一个敏感而复杂的问题。尽管中央政府已宣布在过渡期内，央、地的收入分成比例为 5：5，但对于早已形成刚性支出依赖的各级政府而言，问题的核心在于实际可支配资金的多少。毕竟，对于地方政府而言，"隔手的金子，不如到手的铜"，只有将资金"拿到手"，才真正算数。

由于中国幅员辽阔，各地经济发展水平极不平衡，政治文化和历史背景也各具特色。因此，"一刀切"的分成比例难以实现真正的公正和平衡。根据付广军先生的测算，若以 2011 年为基数，当年国内增值税和营业税（地方分享部分）的中央与地方分享比例为 48.38：51.62。如果按照 5：5 的比例进行分配，中央将获得更多收入。如果将比例调整为 45：55，只有 7 个省级区域的地方税收收入会有所下降；若调整为 40：60，则仅北京、海南和重庆三个省级区域的地方税收收入会减少。

实际上，若按 5：5 的分成比例，地方收入下降的省级区域并非个别。以 2014 年为基数粗略估算，相比于原有机制，中央收入将多增加 2000 亿到 3000 亿元。这意味着，如果"营改增"导致多数地方税收收入减少，必然会影响地方政府提供"高性价比"公共产品和服务的积极性，进而抑制地方政府支持企业创新与财富创造的动力，削弱其推动地方经济发展的原动力与创新精神。

当然，中央与地方的分成比例虽然是财税改革中的一个重要问题，但并不是财税改革的根本问题。从财税治理的终极目的来看，核心问题在于，中央与地方所分配到的财政收入，能否得到合理有效的使用，是否能够真正履行各自提供"高性价比"公共产品与服务的职责。

最后，"营改增"并非税制改革的根本目标，也不是最高目标，更不是终极目标。

毋庸置疑，税制改革的根本目标是建立一个公正平等的税制体系，确保征税人与纳税人之间权利与义务的平等分配。具体而言，这意味着税制应该确保基本权利与义务的完全平等，非基本权利与义务的比例平等。此外，税制改革还应当扩展到不同纳税人、征税机关、国家与国家之间，以及人类与自然界中的其他存在之间的权利与义务的平等分配。

税制改革的最高目标是建立一个由纳税人主导的税制。这意味着，所有重大税收决策，如征税金额、征税对象、征税环节、税收减免等，都应由纳税人决定。政府征税必须经过纳税人的同意，未经同意，任何组织或个人不得强行征税。同样，税款的使用也应由纳税人决定，所有关于如何使用税收的决策，包括花费多少、花向何处、为谁花费，都应由全体国民参与决策，而非由政府部门或官员单方面决定。

税制改革的终极目标在于增进全社会和每个国民的福祉总量，满足每个国民日益增长的基本物质需求、社会尊严与自由需求，以及更高层次的精神需求。而且，在征纳税人之间利益未发生根本性冲突、且能两全其美的情况下，任何人都不应为了所谓"大多数人的经济利益"而牺牲少数国民的利益。我们必须遵循并敬畏"不伤一人地增进所有人利益"的帕累托最优原则。

简言之，"营改增"是税制改革中的一项重要目标，但绝不是税制改革的唯一目标。我们不应误以为"营改增"便是税制改革的根本目标、最高目标或终极目标。后"营改增"时代，我们必须直面三大忧虑。这些忧虑表明，尽管"营改增"已取得阶段性进展，但中国经济社会全面繁荣的挑战依然存在，财税改革的总体形势仍然严峻。因此，要彻底化解这些忧虑，必须直面隐藏在纳税人之间、征税人与纳税人之间、征税机关之间的深层次问题，甚至在国际税收领域及人类与非人类存在物之间也潜藏着挑战。此外，转型中国所面临的特殊境遇与复杂性使得财税改革尤为艰难。尽管财税改革是政治体制改革的最佳切入点，但它牵一发而动全身，责任重大，任务艰巨。要实现预期目标，必须调动一切积极力量。

（原载《深圳特区报》，2016-07-16）

# 05/ 绿色税收促进可持续发展

绿色税收与环境税收在内涵上基本相同，都是旨在保护环境、合理开发和利用自然资源，并推动绿色生产与消费的税收规范体系。绿色税收的诞生可以追溯到二十世纪五六十年代，那时环境污染问题日益严重，已经对人类福祉的可持续增进构成了威胁。然而，"绿色税收"这一概念真正成为关注热点，是在 1998 年之后。此时，绿色税收已被视为调节人与非人类存在物（即人与环境）之间利害关系的重要工具和手段。

事实上，绿色税收的真正意义和价值，只有在环境污染、生态恶化和资源过度开发等问题已显著威胁到人类基本生存与发展的背景下，才被广泛重视并加以应用。它肩负着保护环境、减少污染、遏制自然资源枯竭的重大责任。

## "绿色税收"开征的根据

关于"绿色税收"开征的理论依据，主要有三种：负外部效应理论、公共资本理论和可持续发展理论。

首先，负外部效应理论的代表人物庇古（Arthur Pigou）提出，开征"绿色税收"的根本原因在于环境污染和生态恶化具有"负外部性"。早在 1932 年，庇古便指出，企业的逐利行为往往忽视了其对社会和环境造成的外部性成本。通过征收"绿色税收"，可以迫使企业将这些外部性成本纳入生产成本中，从而提醒企业考虑污染对社会的危害，并最终达到保护环境、遏制污染的目的。

其次，公共资本理论的主张者认为，自然资源和环境属于公共产品，与其他生产要素一样，具有"不可分割性"。由于这些资源的主体产权难以界定，往往会引发过度竞争和非理性争夺，从而加剧资源的滥用和环境的恶化。因此，建议由一个外部产权主体来对资源的使用承担责任，这个主体即为政府。根据这一理论，企业在使用自然资源和环境作为生产要素时，不论其使用是否对环境造成损害，都应支付一定的资源借用费用。而针对那些"有害借用"的行为，则通过征收"绿色税收"来实现对环境的保护，减少"搭便车"现象。

最后，可持续发展理论的主张者则认为，环境和自然资源不仅是有限的，也是具有内在价值的。因此，环境的利用和自然资源的开发不仅要考虑对当代社会带来的损害成本，还必须顾及对未来代际造成的机会成本损失。这一理论强调代际资源公正，要求在资源利用和环境保护中考虑长远的可持续性，并确保当前的资源使用不会对后代的生存和发展造成过大负担。

## "绿色税收"在国外的实践

根据经合组织的统计数据，绿色税收在大多数国家国内生产总值（GDP）中的占比相对较小。在其 19 个发达国家成员国中，绿色税收的收入占比大约为 2%。其中，丹麦的绿色税收收入占比最高，超过 4%，位居首位。其次是希腊、荷兰、挪威和葡萄牙等国。而在这些国家中，墨西哥和美国的绿色税收占比最低，大约为 1%。

从目前国外开征的绿色税收种类来看，主要包括五类：一是废气税，如二氧化硫税和二氧化碳税。美国早在二十世纪七十年代便开始征收此类税种。二是水污染税，例如德国自 1981 年开始征收水污染税，旨在减少水体污染并促进环境保护。三是固体废物税，如一次性餐具税、饮料容器税、旧轮胎税和润滑油税等。这些税种的目的是对产生固体废物的行为进行惩罚，并激励企业和消费者减少固体废物的产生。四是噪声税，例如美国对使用洛杉矶等机场的每位旅客和每吨货物征收 1 美元的噪声治理税，税款专用于支付机场周围居民区的噪音隔离费用。此外，日本和荷兰的机场也根据飞机着陆的次数，对航空公司征收噪声税。五是生态税，例如森林砍伐税，旨在通过征税措施抑制过度砍伐森林，保护生态环境。

从已经开征绿色税收的国家来看，绿色税收的主要特点可归纳为以下几点：

从税种结构组合看，多以能源税为主，其他税种为辅。例如，荷兰开征了多种绿色税收，其中包括燃料税、水污染税、土壤保护税、石油产品税等。此外，荷兰还根据不同污染物的特征，分别开征了废气税、水污染税、噪声税、固体废物税和垃圾税等。

从征收对象来看，绿色税收的征税对象逐渐从对收入征税，转向对环境有害行为征税。例如，丹麦、瑞典等国家已经通过调整税制整体结构，实现了从以工资和收入为主要征税对象，转变为主要对有害环境影响的生产与消费行为征税。

从税收征收手段来看，绿色税收已经从单一的税收或规费征收，转向税收与规费手段并行使用。这意味着，在通过税收手段调节人与环境之间的紧张关系时，越来越多的国家开始重视规费手段的运用，采取产品收费、使用者收费以及排污权交易等方式作为补充手段。同时，政府还通过税收优惠、差别税率等政策，鼓励社会资金流向生态保护和环保项目，以促进可持续发展。

从税收调节的过程来看，绿色税收已经逐渐从单纯的结果导向，转向了结果与过程并重的双重调节模式。具体而言，过去更多依赖事后调节，现在则逐步转向事前与事后共同管理的模式。

从单一的污染型税收手段，逐渐转向污染型与税收导向型手段的融合，旨在更加精准和全面地应对环境污染问题。通过对相同类型的污染和破坏环境行为实施惩罚，结合事前警告与过程激励，能够实现通过税收手段遏制环境恶化、改善生态环境的目标。具体而言，通过税收的价格效应调节生产和消费行为，削弱污染型产品的市场竞争力和消费吸引力，同时激励环保型产业的可持续发展。

作为调节人与环境之间利害关系的工具，绿色税收不仅是一种经济手段，也是一种法律手段，具备其他调控手段所无法比拟的独特优势。

必须指出的是，许多发达国家在绿色税收的立法与征收过程中，往往拥有较广泛的民意支持。这使得绿色税收能够凝聚大多数国民的共识，从而确保法律的高遵从度。此外，由于绿色税收的权力已经被纳入制度的"笼子"，这有助于有效防止税权滥用，确保税款能够"取之于民、用之于民"，并且"用之于民之所需"，使得税收制度在推动环保的同时，能够真正体现公共利益。

## "绿色税收"面临的困境

在绿色税收的实际操作中，面临着诸多困境。第一，由于不同国家在政治、经济、文化体制以及经济社会发展阶段上的差异，各国对于绿色税收开征的重要性和必要性的认识存在一定的差距。尤其是在一些国家，出于经济发展的考虑，绿色税收的实施可能会对环境保护和资源可持续利用的积极性与主动性产生负面影响。

例如，对于一些发展中国家而言，经济发展往往被视为解决当前所有紧迫问题的首要任务，因此他们通常将消除贫困作为优先目标，强调效率优先，而忽视了诸如环境公正和代际公正等社会公正问题。然而，对于一些发达国家来说，环境保护、减少污染和资源的可持续利用等问题则被置于更为优先的位置，他们更多地关注环保和可持续发展等全球性挑战。正因为如此，南非环境部长马蒂努斯·范·施高维克曾指出："现在情况已经非常明确，只有发达国家和发展中国家共同采取行动，我们才能遏制气候危机的进一步恶化。"

第二，绿色税收的全面环保责任与担当，也受到不同国家政治体制和文化背景的影响。毋庸讳言，在发达国家，由于全民环保意识普遍较强，公众能够通过较为完善的利益表达机制和税收意愿汇总平台，促使政府确保绿色税收能够"取之于民""用之于民"，并且确保这些税收真正用于环保和资源可持续利用。因此，发达国家的绿色税收法律遵从度较高，有助于最大限度地发挥绿色税收在保护环境和促进资源可持续利用方面的正向作用。

然而，对于大多数发展中国家来说，由于环保意识较为薄弱以及民间环保意见表达和汇总机制的不完善，民众的环保意识难以迅速转化为公共意志。因此，绿色税收法律的制定和执行面临较大的挑战，且往往难以获得大多数社会成员的广泛遵从。这使得绿色税收在这些国家中难以发挥其应有的环境保护作用，也难以有效推动资源的可持续利用。

第三，由于各国社会治理制度和机制的差异，例如道德规范、法律体系以及税制等方面的差异，也可能成为绿色税收机制建立与发展的障碍。此外，一个国家环保舆论和教育机制的健全程度，以及民众环保认知的普及程度，都是影响绿色税收有效实施的重要因素。

（原载《学习时报》，2016-09-01）

# 06/ 用财税改革助推"双创"

　　"大众创业，万众创新"旨在打破一切体制机制障碍，为每一个有创业梦想的人提供自由发展的空间，激发创新创造的活力，让全社会的创新血液自由流动，让自主创新的精神在全体人民中蔚然成风。只有通过这样的方式，中国经济才能实现源源不断的创新动力，推动经济持续发展的"引擎"不断更新换代，从而形成大众创业、万众创新的全新格局。

　　那么，要实现这一新格局，抓手在哪里？如何从根本上推动"双创"事业的全面发展？

　　万众创新的根本在于每一个国民都愿意创新、乐于创新、勇于创新，并且具备创新的能力，同时能够承受创新失败带来的风险。因此，万众创新实际上是大众创业的前提和基础。

　　创新的核心在于最大限度地激发每个国民的创造性潜能，而这与每个国民个性的全面发展密切相关。国家和社会需要为此提供尽可能宽广的自由空间，确保每个人都能在不受外界束缚的环境中，根据自己的意愿自由发挥潜力，最终实现个人价值和社会贡献。

　　正如杜威所言，"自由之所以重要，是因为它是发挥个人潜力和促进社会发展的条件"。

　　自由的制度与机制，实际上是一种典型的公共产品。而高效供给这种公共产品，正是公共财政的核心使命与职能。因此，自由制度和机制作为公共产品的供给，成为推动"双创"发展的关

键因素之一。它不仅能够大有作为，更能从根本上、总体上激发
"大众创业，万众创新"的积极性与主动性，进而形成创新驱动的
社会形态。

由于财税体制的优劣及其改革的成败，与自由类公共产品的
性价比密切相关，因此，如何推进财税体制改革，不断优化并建
立优良的财税体制，成为推动"双创"的重要途径与手段。

一个优良的财税体制，其终极目标应是增进全社会和每个国
民的福祉总量。这样的财税体制尊重财税行为主体的行为心理规
律，既考虑到偶尔的利他动机，又遵循行为主体长期的利己目的。
同时，它应当以人道自由为制度建设的最高原则，即每个国民应
是财税治理的主体，财税治理体制应由民众主导。未经每个国民
的同意，政府既不能征税，也不能使用税收。此外，优良的财税
体制应当以公正和平等为制度创建的根本原则。不仅征纳税人之
间的权利与义务能平等交换，且纳税人、征税人、国家与国民之
间的权利与义务分配亦应遵循平等原则。在基本权利与义务的交
换中，遵循完全平等原则；而非基本权利与义务的交换，则遵循
比例平等原则。

总之，要推动"大众创业，万众创新"，最关键的在于如何全
力推进财税体制改革，进行系统性重构，真正建立以人为本、自
由人道、公正平等的优良财税体制。这种体制不仅能做到有效征
税，还能合理利用税收资源，最大限度地供给助推"双创"的公
共产品与服务，最终从根本上激发大多数国民的创新意识与行动，
同时激励他们愿意创业、乐于创业、勇于创业、能够创业。唯有
这样，才能形成"大众创业，万众创新"的新形态。

（原载《深圳特区》，2016-09-20）

# 07/ 以财税改革消减总体性贫困

从税收的本质来看，国民交税是为了换取政府提供的相应公共产品和服务，比如，提供必要的生存、生活与生命安全保障类等公共产品和公共服务。简而言之，税收的本质目标是"取之于民，用之于民"，而且更重要的是要做到"用之于民之所需"。

要实现这一目标，首先必须弄清楚"民之所需"究竟是什么？这些需求在哪里？是哪些民众的需求？因此，必须建立高效、精准的国民利益需求表达机制，全面了解不同群体的具体需求。在此基础上，政府必须以公开、透明和精准的方式提供公共产品和服务，确保不同群体的需求得到切实满足。这包括基础性的物质需求，如食物、住房、医疗、教育等，也包括更高层次的社会性和精神性需求，如社会保障、文化娱乐、心理健康等。特别需要关注的是，对于贫困人群的需求，必须全面了解他们的规模、分布、生活状况及致贫原因。只有准确识别出贫困的根本原因和特点，才能制定出有效的消贫战略和政策措施。

毋庸讳言，如何有效地将权力"装进制度的笼子"，这一制度性公共产品的供给，直接或间接决定了一个社会的整体繁荣与进步，并深刻影响社会贫困群体的规模。正如亚当·斯密所言"财富就是权力"，这一命题揭示了经济权力与社会财富之间的内在联系。

换句话说，如果制度性约束不足，未能有效"装进制度的笼子"，不仅会导致权力的异化与滥用，进而大规模伤害国民利益，催生广泛的贫困；而且，一旦权力失控、缺乏有效监督，甚至在合谋腐败的情况下，便可能大规模制造贫困，形成社会的恶性循环。

要从根本上、总体上消减贫困，避免类似"杨改兰式"惨剧的再度发生，尽快建立一个真正优良的财税体制，毫无疑问是最佳的选择与路径。

首先，优良的财税体制的根本目标，必须是最大限度地增进全社会及每个国民的利益和福祉总量。在一般情况下，这样的财税体制应遵循并践行"不伤一人地增进所有人利益"的帕累托最优原则。作为一项底线原则，帕累托最优保障了每个国民基本的生存与发展权利，是人的基本权利的体现，优先于任何非基本权利（如经济发展或国家崛起等具体目标）。只有在特定情况下，当国民与政府之间的利益发生冲突时，才可谨慎运用"最大多数人的最大利益原则"。此时，应对利益受损者按照平等自愿的原则，给予适当补偿。

其次，优良的财税体制必须遵循人道自由原则，真正做到以人为本、以人为目的。因此，征税与用税等重大事务的决策权应由国民主导，体现大多数国民的意愿。也就是说，未经立法机构同意，既不能征税，也不能使用税收，这一原则已经实现了制度性嵌入，确保了国民的主权和基本权利。在这一体制的规范下，人人平等。

最后，优良的财税体制必须遵循公正平等原则。这不仅意味着征纳税人之间的权利与义务分配要公正平等，还包括纳税人、征税人以及国家之间的权利与义务分配应同样遵循平等原则。在具体操作中，税收权利与义务的交换应符合完全平等原则，而非基本权利和义务的交换应遵循比例平等原则。显然，完全平等原则保护每个国民最基本的生存与发展权利。

　　总之，只有通过有效的财税改革，优化收支系统的结构，才能在满足全社会和每个国民基本生活需求的同时，实行实质性的减税与免税。具体来说，增值税应明确标示消费者每次消费的税额，并对关系到国民基本生存的商品实施减税或免税政策，减轻贫困群体的生存压力。同时，应加大对消除贫困的公共产品供给，特别是制度性公共产品的供给，提升其性价比，增强精准性和针对性，从根本上减少贫困。

（原载《深圳特区》，2016-11-18）

## 08/ 亟待从"稳定税负"转向"降低税负"

"稳定税负"是过去三年多中国财税改革的指导思想，意味着改革的目标不是单纯地增加或降低税负。然而，在"营改增"改革宣称已减税超过 5000 亿元、减费超过 1000 亿元后，尤其是增值税"四档"税率简并并降低税率的提议，显然意味着"稳定税负"的改革思路暂时告一段落。

从逻辑上讲，如果继续固守"稳定税负"的思路，可能会陷入刻舟求剑的困境，甚至可能压抑、拖累中国经济走出低谷，阻碍可持续发展的实现，最终错失财税改革的历史性机遇。

事实上，七月时，中国最高决策层已从国家发展战略的高度，对财税改革进行了重要的战略调整，明确提出将"降低宏观税负"作为下一阶段改革的目标导向。这一变化值得我们高度关注和认真对待。毋庸置疑，最高决策层做出这一调整的前提和依据，是基于对中国宏观税负水平偏高的深刻认知和判断。

遗憾的是，财税学界至今仍停留在局部争论中，难以看到宏观税负这一问题的全貌。当前的讨论大多局限于对税负高低的口水战，忽视了中国宏观税负已经不容忽视的现实（至少已超过全球平均水平），并回避了经济环境发生的根本性变化。一些主张中国宏观税负不高的观点，通常依赖于早已失去公信力的统计数据，其内在逻辑是在向社会传递政府仍然有征税空间，税费还可以通过挖掘潜力来满足政府支出的刚性需求。而另一方面，主张宏观税负已过高的观点，则更多基于第一手调研数据，强调应当及时降低税负，告诫政府"过紧日子"，为企业应对严峻的宏观经济形势提供喘息空间，从而为中国经济的可持续发展保留必要的活力。从全球发展的潮流来看，减税已成为各国在谋求经济生存与

发展的理性选择。然而，现实的挑战在于，如果美国新总统特朗普提出的减税政策——将美国企业所得税从 35% 降至 25%——得以实施，必将对全球经济，尤其是中国经济，带来不小的压力与挑战，不能轻视。换言之，面对这一国际大背景，中国也应尽快摆脱"稳定税负"的改革思路，正视宏观税负必须降低的现实，主动实施降低税负的战略性决策，从而有效防范可能出现的系统性经济与社会风险。

显然，从企业的生存现实来看，更迫切地希望尽快摆脱"稳定税负"的改革思路，坚定不移地落实降低宏观税负的新政策。

不可否认，当前中国的宏观经济形势已经持续低迷一段时间，国有企业的经营状况堪忧，而民营企业面临的困境更为严峻，税负和费负沉重，企业的生存压力不断加大。尤其是中小微企业，它们的生存和发展面临着前所未有的困难，亟须国家出台并迅速落实降低税负和费负的政策，以减轻其经营压力，帮助其渡过难关。

必须强调的是，随着"营改增"改革的全面完成，所有企业将逐步纳入增值税监管体系。尤其是"金税三期"系统的上线，将显著提升税务机关在税务信息搜集、监管和使用方面的能力，同时也大幅提升对增值税发票使用的监管水平。各地相继成立的"打虚办"（打击增值税发票虚开）和"预警团"（增值税发票预警管理团队）等机构，将加强实时监控和打击力度。这将使那些曾依赖逃税求生存的企业面临更加严峻的挑战，许多企业可能因此面临关停或歇业的风险。

　　诚然，税负和费负并不是决定企业生存与发展的唯一因素，但它们无疑是关键因素之一。对于那些在生存边缘挣扎的小微企业来说，税负和费负常常成为决定其存亡的主要因素。因此，迫切需要通过大规模的税收减免和优惠政策，为这些企业减轻负担，给予必要的"救助"与支持，帮助它们渡过难关。

　　坦率地说，当前中国正处于社会转型期、宏观经济低迷期、社会矛盾与冲突频发期，同时纳税人权利意识也在不断提升。在这样的背景下，通过减税政策保持宏观经济的可持续发展与基本活力，或化解和缓解系统性社会风险，已成为迫切的目标和举措。

　　总的来说，中国企业的生存与发展亟须减税降费，宏观经济面临的压力也迫切要求降低宏观税负。尽快实施降税减负，特别是为小微企业提供更多的支持，是助推中国经济走出困境、实现复苏的关键一步。

（原载《深圳特区报》，2016-12-20）

# 09/ 亟待理清非税收入这笔老账

丙申年末，关于税负高低的争论虽已暂时平息，但其正面或负面的影响仍在持续发酵，并可能继续影响未来的财税政策方向。尽管税费的学理辨析和税负与费负的权责争议已告一段落，但从理性角度回顾和评估，这场讨论的积极意义在于：它有助于提升全社会对税收与非税收入的认知，也推动了国家整体财政治理水平的提升，为国家治理现代化奠定了基础。因为无论哪个国家，其财政收入都是由税收收入和非税收入两部分组成。因此，厘清税收和非税收入的构成及占比，成为高层财政治理体制优化和调整的前提。此外，这场争论对税制改革和非税机制改革也具有积极意义。税收与非税收入争议清楚表明，征税机关与非税征收机关各自拥有明确的职能与权限，理顺两者的权责关系是深化财税体制改革的基础，也是提高征管效率的必要条件。虽然从纳税者的角度看，税费之争的实质意义并不大，因为无论税收或收费，最终都构成了企业的经营成本，但这一讨论的结果，仍有助于为未来财税改革提供重要启示。

但笔者认为，此次税负争论的最大收获，可能在于引起了全社会对非税收入等改革问题的关注，促使我们尽快理清非税收入这笔"老账"和"糊涂账"，从而推动中国财税体制改革快速轻装上阵，走出当前的低谷。

事实上，如果非税收入这笔"老账"不能尽快理清，持续增长的费负可能会成为压垮中国经济的"最后一根稻草"，并与税负一起，成为中国社会转型过程中潜在系统性风险的"导火索"。尤其是在宏观经济持续下行的严峻形势下，随着"金税三期"上线后税务机关整体执法监管水平大幅提升，非税收入的不规范和不透明问题可能会带来越来越大的风险。

毋庸讳言，非税收入的最大弊端在于其征收主体繁多且复杂，涉及的对象广泛且不易规范，且其合法性和正当性在一定程度上缺乏足够的法律保障。更为关键的是，非税收入的去向和用途缺乏透明度和实质性的监督，这使得公众和纳税人难以有效追踪资金的流向和使用情况。现实的挑战在于，自 2000 年以来，中国非税收入一直呈现上升趋势。2000 年，非税收入仅占 GDP 的 0.8%，然而到 2015 年，这一比例已经上升到 4.0%，2016 年略微回落，约为 3.92%。从这一数据来看，2016 年末关于税负轻重的争论，显然有其深刻的社会背景。可以说，正是复杂、隐蔽且多样的非税收入负担，直接加剧了企业界的"税痛"感。当然，非税收入不仅仅局限于官方统计中的各类费用，还包括那些隐蔽的"寻租费用"。例如，企业为了生存和发展，不得不支出的各种明里暗里的财物成本、时间成本，以及支付的各种额外交易成本，如请客送礼、好处费、回扣费等。这些费用，实际上构成了企业经营的沉重负担。正因如此，李克强总理将这些费用统称为"制度性交易成本"，并强调必须"落实减税降费政策，降低制度性交易成本"。

要彻底"降低制度性交易成本"，减少企业的正式与非正式非税负担，确实面临着许多历史和现实的障碍。非税负担之所以长期存在，原因复杂，涉及到方方面面的利益，互相交织，使得非税负担不能仅靠某个系统或部门的号召和文件就能轻易解决。

从非税收入的产生主体来看，既有中央政府各个部门和领导的，也有地方政府各级部门和领导的，且这些利益点往往交织、叠加，造成了极为复杂的局面。近年来，尽管各级政府已采取一定措施，清理了不少非税收入项目，取得了一定进展，但仍有不少非税收入项目依旧存在，且这些往往是一些关系重大、核心的项目。

从非税收入的种类来看，种类繁多、复杂多样。非税收入清理的难点在于如何界定哪些项目合法，哪些项目不合法，以及由谁来判定，依据什么标准进行判定等问题。如果这些问题没有达成共识并形成统一标准，非税收入的清理就难以取得民众的认可，非税收入这把"达摩克利斯之剑"将始终悬而未决，随时可能引发大规模的系统性治理风险。

其实，非税收入治理之所以"按下葫芦浮起瓢"，无法彻底摆脱"黄宗羲定律"的困境，根本原因在于中国的"费权"缺乏有效的"闭环式"监督机制。一方面，缺乏科学、合理的制度性授权机制，未能为"费权"奠定合法性基础；另一方面，缺乏对"费权"的全方位监督——无论是从最高与最低、内与外，还是软性与硬性方面，都未形成有效的制约。这导致了"费权"滥用的普遍现象，成为企业发展的非生产性成本，也成为制约中国经济发展的重要因素。因此，要彻底清理非税收入这一"老账""烂账"和"糊涂账"，关键在于如何充分发挥现有权力监督机制的作用，例如人大、纪检监察等部门的监督职能。同时，还需积极探索新的权力制约途径和方法，全面约束税权、费权、预算权等公共权力，确保其合法合规运行。

进一步来说，中国的费权失控，以及非税收入管理和使用低效的核心原因，在于全社会对财政治理终极目的的认识模糊。许多人将聚财、调节经济、缩小收入分配差距等视为财政治理的最终目标。然而，只有将费权"装进制度的笼子"，彻底理顺非税收入这笔"老账""烂账"和"糊涂账"，中国经济才能轻装上阵，真正造福民众。

（原载《深圳特区报》，2017-02-28）

# 10/ 环保税立法当增进全社会福祉总量

不论我们列举了多少种具体的立法目的，一切立法，包括环境税立法，其终极目的，无不是为了增进全社会和每个国民的福祉。热议了很久的环境保护税立法与"费改税"工作，终于在 6 月 10 日迈出了关键性一步——国务院法制办公布了由财政部、国家税务总局、环境保护部起草的《中华人民共和国环境保护税法（征求意见稿）》。这意味着，中国环境保护税法总算与民众见面了，从此，人们对解决当下大气污染、水污染、固体废物污染、建筑施工噪声污染、工业噪声污染等无法命名的环境污染问题，自会产生新的期待。

当然，环境保护税立法并不能一举消除中国的环境污染问题，如期还国民以蓝天白云、饮水安全、宁静的生活环境与保障。且不说环境污染要素构成的多重性、层次性与复杂性，单就现实中比比皆是的有法不依现象，以及法律合意性的先天不足等问题而言，就不能把话说满说绝。事实上，仅就一部优良法律的完备性与技术性要求而言，环保税也难承受"环保"全面之重责，全部担当增进全社会与每个国民健康福祉之重任。

环保税立法的目的还需清晰明确。比如，此次立法，究竟是为了"环保"，消减污染，还是为了税收法律体系形式上的完备与完善？是为了聚财，还是为了理顺税费关系？是为了缓解来自民间日益高涨的环保舆论压力，还是为了增进全社会和每个国民的健康福祉？抑或正如《意见稿》所言，是为"保护和改善环境，促进社会节能减排，推进生态文明建设"？毋庸讳言，不论我们列举了多少种具体的立法目的，一切立法，包括环境税立法，其终极目的，无不是为了增进全社会和每个国民的福祉总量。因此，这也就成为评价一切法律优劣的终极标准。

环境保护税法要真正发挥消减污染的职能与作用，至少还有赖于如下六大基本关系的理顺与平衡：

第一，立法终极目的与具体目的关系的协调与平衡问题。就是说，环境保护税立法的具体目的尽管多种多样，但这些具体目的，一旦有违增进全社会与每个国民福祉总量的终极目的，都得无条件遵从终极目的。否则，这样的立法，只会加剧环境污染，制造新的污染，不会遏制环境污染。

第二，纳税者排污成本与纳税成本关系的计较与平衡问题。具体说，如果排污成本大于纳税成本，作为理性经济人的纳税者，就可能选择遵从环保税法。反之，如果排污成本小于纳税成本，纳税者就可能选择逃避环保税纳税义务。在现实的利益博弈境遇里，利益最大化是纳税者行为选择的首要原则。

第三，征税与用税关系的平衡与协调问题。逻辑而言，征税的目的，绝不是为了"征税"，一定是为了"征税"之外的一种目的，为了给国民提供高性价比的公共产品与服务，但终极目的一定是为了增进全社会和每个国民的福祉总量。用之于民之所需，才是"取之于民"的根本理由。具体到环保税，国民交纳环保税，就是为了从政府那里交换到高性价比的环境类公共产品与服务，为了满足他们对蓝天白云、安宁安全等公共需求。因此，如果环保税立法不能有助于国民环境类公共产品与服务性价比提高的话，对纳税者的环保税遵从，也就不可寄予过多的奢望。

第四，环保税执法要求与纳税者污染程度检测技术的平衡与协调问题。毋庸讳言，环保税执法要求与纳税者污染程度检测技术之间存在一定的不协调。应该征收与能够征收，是两个既有联系，又有区别的概念。即应该征收的，未必能实际征收到位。这是因为，征税依据是税收执法的必要条件。如果征税依据无法确定，税收执法也就是一句空话。毋庸置疑，环境税即使顺利立法，一旦到了执行阶段，也存在一个现实污染的技术检测可能性问题。而且，暂且不说《意见稿》设计中——税务机关与环保部门双主体之间的协调成本，诸如信息交换、技术认定、权责关系明确等实际操作的可行性问题、现实社会环境的复杂性问题，以及环境保护未来可能遭遇的诸多不确定性问题。

第五，权责关系的平衡与协调问题。直言之，如果环境保护法在征税执法权方面语焉不详的话，很可能人为催生执法机关与环保部门在责任方面的推诿扯皮问题，从而背离环境保护税立法的具体目的与终极目的。理论上讲，税务机关发挥征管优势，环保部门发挥污染监测技术优势，似乎可以解决污染问题。但面临转型中的实际境遇，完全可能因为权责模糊、问责弱化，以及人情面子、关系网等原因，致使有法难依，有法不依。

第六，当下污染认定与未来污染范围、对象、程度等要素不确定关系的平衡协调问题。无疑，《意见稿》目前仅仅列举了四类污染作为主要的税法治理对象。常识告诉我们，污染绝不只有这四类。为此，环境保护税立法，必须为未来修订自觉留下足够的接口，以便环境保护税"扩围"。

当然，环境保护税立法或不能承受"环保"之重任，还有实践领域的种种原因。诸如税务机关日常管理权力与稽查权力的明确与授予问题，环境保护税纳税者的涉税信息披露，以及权利的保障问题等。而且，面临环境污染问题越来越严峻的形势，尽快祭出环境保护法的利剑，立法者的良善动机无可厚非。关键在于，如何才能事半功倍，好心办好事。希望立法者尽量避免因为立法阶段的思虑不周或失误，背离了立法治污的初衷。

（原载《深圳特区报》，2015-07-07）

# 11/ 谨防税收宣传的"塔西佗陷阱"

自税收制度诞生以来，税收宣传始终未曾缺席。若宣传能达到收税的目的，聚财的成本将最小，效率也最高。那么，如何才能实现最低成本与最高效率的税收宣传呢？

税收的本质在于——国民通过交税从政府那里换取所需的公共产品。因此，最能打动纳税者的宣传应当是"取之于民，用之于民"。这是因为，纳税者交税的根本目的是获得政府提供的公共产品，满足自己生活与发展的需要。如果税收宣传能够强调"用之于民"的理念，结合民众的需求，那么宣传将更具说服力，达到近乎完美的效果。

相反，如果"取之于民"却未"用之于民"，更没有"用之于民之所需"，税收宣传就难以打动纳税者，纳税者也难以心甘情愿地遵从税法，更别说愉快地交税了。这样一来，聚财的成本最高，效率最低。长期下去，税务机关和政府的公信力将会丧失。直白地说，如果税务机关和政府继续高举"取之于民，用之于民"的旗帜，而实际却未能做到这一点，纳税者和民众就难以相信税法。即便政府最终开始真正做到"取之于民，用之于民"，民众也不会轻易或完全信任税法。

这一现象早在古罗马时代便被历史学家塔西佗所发现，后被称为"塔西佗陷阱"，并成为西方政治学中的定律之一。2014 年，习近平同志在兰考县委常委扩大会议上的讲话中，便提到过"塔西佗陷阱"，并从国家治理的角度进行了深刻的反思。事实上，这一陷阱对税收宣传的警示尤为重要，因为"财政是国家治理的基础和支柱"，关系到国家的兴衰。

因此，税收宣传的关键问题在于，如何避免陷入"塔西佗陷阱"？

众所周知，自 1992 年起，每年 4 月的全国税收宣传月活动已经持续了 26 年。宣传主题根据当年的税收治理与改革重点，逐渐从最初的"税收与发展""税收与改革""税收与法制"，到"税收征管与市场经济""税收与文明""税收管理与依法治国"，再到近年来的"依法治税强国富民""税收与未来"，以及"税收与公民""诚信纳税利国利民""依法诚信纳税共建小康社会""税收·发展·民生"。例如，2016 年的主题是"聚焦营改增试点，助力供给侧改革"，2017 年则为"深化税收改革，助力企业发展"。如我们所见，这些主题每年四月都会在各类媒体上大规模传播，覆盖长城内外、大江南北。虽然不能否认，这些税收宣传在提高国民纳税认知、培养纳税情感、巩固纳税意志等方面起到了一定作用，也有助于促进纳税遵从度。但从每年持续发生的税收流失问题来看，严格说来，税收宣传未能完全达到预期的聚财目的，亟须改进和优化当前的宣传机制和模式。

至于当前税收宣传是否正面临"塔西佗陷阱"，笔者不做定论。但从政府预算至今未能实现基本公开与透明的现实来看，谨防税收宣传陷入"塔西佗陷阱"应当尽早纳入税收治理与改革的议事日程。对于税收宣传的主体——政府及其财税机关，至少应该以"塔西佗陷阱"为警戒，全面反思和审视过去税收宣传中是否存在"言行不一"的问题，尤其是在涉税信息的传递上。比如，是否在税负、税收优惠政策等方面存在选择性的信息提供？是否提供的涉税信息缺乏客观性、准确性和全面性？例如，是否缺乏第三方的信息发布渠道等。此外，税收宣传是否过于侧重"聚财"的价值导向，而忽视了税收最终是为了增进全社会和每个国民福祉的总量？尤其在信息化和大数据迅猛发展的时代背景下，面对社会转型带来的矛盾与挑战，以及民众财税权利意识的提升，税收宣传的单向度模式和方法已经面临着时代性的挑战。必须高度警惕税收宣传可能陷入"塔西佗陷阱"，并积极寻求创新与改进。

　　道理在于，一旦税收宣传陷入"塔西佗陷阱"，就可能引发系统性税收风险，尤其是系统性社会风险。古今中外的财税治理历史中，已有许多因"塔西佗陷阱"而导致惨痛教训，我们必须认真吸取这些经验教训。

（原载《深圳特区报》，2017-04-25）

# 12／ 以深化税制改革促进国民"美好生活"实现

党的十九大报告明确指出，我国社会主要矛盾已经转化为"人民日益增长的美好生活需要和不平衡不充分的发展之间的矛盾"，并强调必须"深化税收制度，健全地方税体系"。问题在于，作为连接"美好生活"与社会发展的关键环节，税制在满足"人民日益增长的美好生活需要"方面将发挥怎样的作用？

显然，税制与社会的"不平衡不充分发展"以及"人民日益增长的美好生活需要"密切相关。税制越完善，社会发展就越趋于平衡与充分，满足人民日益增长的美好生活需要的可能性也就越大。反之，税制落后，社会发展就容易陷入"不平衡不充分"的困境，进而使得人民日益增长的美好生活需要难以得到有效满足。这一观点正如日本学者神野直彦所言："'社会'是一个广义的社会体系，包含政治、经济和社会三个子系统，三者相互作用。财政政策作为调节三者关系的媒介，因此成为'体制改革'的核心议题。"

"不平衡不充分的发展"指的是社会发展的不平衡和不充分，不仅包括社会各构成要素之间发展的不平衡和不充分，还涉及这些要素内部各因子之间的矛盾与不足。这一发展问题表现为，经济、文化、产业、人际交往、政治、德治、法治、道德和生态等八类活动之间存在不平衡与不充分的现象，同时，每一类活动内部的要素也可能存在不平衡与不充分的发展。这些矛盾相互影响、相互制约，并且在一定条件下可能相互转化。具体来说，"不充分的发展"意味着社会的八类要素及其各自的内部因子没有充分发展，未能达到理想或圆满的程度，发展上存在显著的不足和欠缺。关于"美好生活"的内涵，不同的人和不同的社会可能有不同的理解。对于那些曾经吃不饱饭的人来说，能吃饱饭便是"美好生活"；对于渴望自由、尊严和创造的人来说，获得自由、尊严和自我实现才是"美好生活"。瑞典民族学教授奥维·洛夫格伦与乔纳森·弗雷克曼在其新近出版的《美好生活：中产阶级的生活史》一书中认为，所谓的"美好生活"，实际上就是"中产阶级的生活"，具体表现为"拥有时间""崇尚自然"和"构建家庭"。然而，要在哲学层面上对"美好生活"给出一个普遍且统一的定义，确实非常困难。尽管如此，毫无疑问的是，"美好生活"是社会发展的最大价值共识。其本质是有内涵、有质量且可持续的生活，是一种稳定、有品质、具有高尚境界的生活，是值得追求和期待的生活。尽管"美好生活"在广义上是国民在需求和欲望得到满足后的一种心理体验，但从狭义上讲，它指的是人生重大需要和欲望得到满足后所产生的心理体验。也就是说，"美好生活"是当人生的重大需求和欲望得到满足时的一种心理感受，是实现人生重大目标后的心理体验，是在生存与发展上达到某种完满的心理状态。

常识告诉我们，人生中的重大需求和欲望需要得到满足，这既包括物质层面的需求，也涵盖了精神层面的需求；既包括私人领域的需求，也包括公共领域的需求。因此，加拿大学者克里夫·贝克认为，价值本质上根植于人性本身，或可以说根植于对"美好生活"的追求。美好生活不仅包括基础价值的实现，这些"基础价值"是人类普遍追求的目标，涵盖了生存、健康、幸福、友谊、助人、自尊、被人尊重、知识、自由、自我实现、同情心和生活的意义感等。此外，价值并非一成不变，也不是放之四海皆准的。无论是基础价值还是具体价值，它们都会随着时间、地点和个体的不同而有所差异。具体而言，人生中的重大需求和欲望需要满足的是物质产品、社会产品和精神产品。物质产品包括满足国民生理需求和肉体欲望的产品，例如富裕生活和身体健康；社会产品包括满足国民社会需求、欲望和目标的产品，如自由、归属感和爱的需求；精神产品则包括满足国民认知和审美需求的产品，例如自我实现和创造潜能等。同时，不论是物质产品还是精神产品，不论是公共产品、准公共产品，还是私人产品，都应具备以下特点：质优价廉、结构合理、性价比高、供应充足，并具备可持续性。公共产品的质量和数量主要依赖于政府的供给，而这一供给的质量直接与财政制度的优劣密切相关。逻辑上，税制的优劣以及其运行效率的高低，决定了政府是否能够高效、健康地满足国民对"美好生活"的需求。

毋庸置疑，税制的优劣与国民"美好生活"的实现密切相关。这一关系，首先体现在税收的数量与质量上，即国家征税的深度及其"为民所用"的程度与国民"美好生活"需求满足之间的关联。其次，还表现在国家征税方式的文明程度上，比如是否遵循人道、自由、平等、法治、限度以及民主等道德原则，具体而言，这与税制的合法性、公正性和透明度等因素，以及它们与国民"美好生活"需求的满足程度之间的关系密切相关。就国家征税的数量而言，在一定的限度和条件下，国家征税越少，越有助于国民"美好生活"需求的更好满足。因为较少的税收意味着纳税者可以拥有更多可支配的财富，从而更有可能满足个人私有需求，这对于与私人产品紧密相关的"美好生活"需求至关重要。同时，国家征税的方式也对国民"美好生活"的需求满足产生重要影响。

税制本身作为一种典型的公共产品，具有"非排他性"和"非竞争性"的基本特征，因此，税收方式直接关系到国民"美好生活"需求的满足。

同时，税收制度和预算制度的优劣与国民"美好生活"息息相关。一方面，预算制度的优劣直接影响公共产品的供给质量和数量，从而影响国民"美好生活"需求的满足程度。预算制度越完善，公共产品的性价比越高，结构越合理，满足度和公正性也越强。具体来说，优良的预算制度更符合人道、自由、法治、平等、限度、公正和民主等道德原则，能够有效避免异化现象，预算监督越有效，滥用预算的风险越小，公共资金浪费的可能性也越低。这样，税款的使用效益越高，"用之于民"的数量就越多，"用之于民之所需"的质量也就越高，从而更好地满足国民的"美好生活"需求。反之，若预算制度不完善，则效果正好相反。

就现代财政制度（包括税制和预算制度）的科学性、完备性与优良性而言，我国现行的财政制度仍存在一些"不平衡、不充分"的问题：

第一，由于中国社会处于发展初级阶段，财权（包括税权和预算权）存在合意性不足的问题。当前的财权——尤其是税权和预算权——缺乏广泛的民意基础，人民代表大会制度在增强财权民意合法性方面仍有较大改进空间。核心问题在于，尚未建立由国民或纳税人主导的税权和预算权体系，即在税收和财政支出决策中，未能充分体现国民和纳税人的意志。

第二，财权监督机制尚未形成有效的"闭环"制衡系统，导致财权（尤其是税权）滥用和寻租现象的存在。这不仅损害了财政制度的公正性，也削弱了公共资源的合理配置与利用。此外，中国长期存在的财权（预算权）使用不透明问题，直接影响了现代财政制度的结构性创新，并制约了财政改革的深入推进。

第三，社会主义核心价值观倡导的"文明治国"理念，尚未在财政制度（包括税制和预算制度）中得到充分体现。具体表现为：财政治理的最终目标——即提升全社会及每个国民的福祉水平，满足人民日益增长的"美好生活"需求——尚未成为评判财政体制改革成效的根本标准。

第四，当前财政治理还未充分重视人道主义自由原则和公正原则这一最基本的道德要求。

当然，从财政（税制与预算制度）与社会治理之间的相互作用来看，财政治理存在结构性的不平衡与不充分问题，这种缺陷会加剧"社会发展的不平衡与不充分"。这一问题主要表现为：经济发展滞后、文化产业不繁荣、政治清明度不足、人际冲突频繁、德治与法治建设滞后、生态环境压力大等方面。

总之，税制、社会"发展不平衡不充分"和"人民日益增长的美好生活需要"三者是紧密相连的。税制越优良，社会发展越趋平衡与充分，人民对"美好生活"的需求也越容易得到满足。因此，迫切需要通过深化税制改革，推动税制体系更加公平和高效，以促进国民"美好生活"的实现。

（原载《西安税务研究》，2018 年第 2 期）

# 13/ 税收营商环境优化更需"挖潜"

"税收营商环境"作为营商环境的核心组成部分，直接关系到全社会创业活力和首创精神的激发，进而影响社会财富创造的原动力强弱，尤其在当前的国情和国际形势下，其重要性愈加凸显。对此，李克强总理在 2018 年国务院常务会议上曾明确指出："优化营商环境就是解放生产力，就是提高综合竞争力！"由此可见，优化"税收营商环境"的重要性和必要性。

根据世界银行发布的 2018 年《营商环境报告》，我国在 2017 年的纳税时间比上一年缩短了 52 小时，税收营商环境的排名上升了 32 位。国家税务总局对此解释称，这一进展主要得益于税务系统根据问题导向制定改革措施、深入推动办税便利化以及先行先试的示范作用等因素。然而，从长远和理想化的角度来看，特别是在大数据和数字经济时代，税收征管面临的新情况、新问题和新挑战仍然突出。因此，毫无疑问，"税收营商环境"的优化仍然存在较大的提升空间。

根据世界银行的研究，在衡量经济体税收营商环境水平时，使用了 189 个指标，其中与税收相关的核心指标主要包括：纳税次数、纳税时间（小时／年）和税费水平（税费额／税前利润）等三大要素。国内学者普遍认为，影响"税收营商环境"的主要因素包括"四大要素"，即"纳税数目""纳税时间""总税率"和"报税指标"。不可否认的是，这些税收营商环境的评价标准，尽管以"三要素"或"四要素"为主，仍然存在一定的表层化、枝节化和简化的不足。虽然与没有标准或具体定义的税收营商环境优化状态相比，这些标准的提出具有积极的促进作用和价值，值得肯定，但从税收营商环境优化的终极目标和理想状态来看，现有的评价标准仍显不足。它们需要进一步深化与拓展，也就是说，必须继续"挖潜"，开阔视野。其原因很简单，因为影响税收营商环境的因素不仅限于上述的三大或四大要素，还包括更深层次和结构性的因素。例如，税制的进一步优化、税法的完善和健全、税权的"闭环式"监督制衡机制的建立等，都是必须纳入考虑的关键要素。只有在这些方面取得更大进展，才能真正实现税收营商环境的全面优化。

就税制优化而言，首先需要明确税制创建的终极目标——满足人民日益增长的美好生活需要。为此，应建立由纳税人主导的税制体系，尊重纳税人在税收治理中的主体地位，并将更多权力归还给纳税人。这要求进一步强化税制的自由性、法治性、公正性和平等性等现代元素。就税法体系的进一步完善而言，税收立法、执法和司法体系必须形成联动与互动，即需要加强税法体系在自由性、法治性、公正性和平等性方面的建设。核心问题在于，如何尽快建立和完善"闭环式"的税权监督制衡机制？这一机制需要在"内外、上下、软硬"各方面实现全方位的监督制约，以确保税权的合意性和运用过程中监督制约的有效性。因为，税权是保障征纳权利与义务公正平等分配的基础。只有在税权合意性和监督制约机制的有效保障下，才能确保征纳权利与义务的公正分配。简而言之，只有在税制、税法和税权监督制衡机制三个方面的制度性建设上实现可持续性提升，才能从根本上优化税收营商环境，激发全社会创造财富的活力和原动力，从而有效应对日益严峻的国内外政治经济形势和挑战。

事实上，只有在上述三个方面发力，才能全面化解当前税收营商环境中的主要问题，包括税收立法合意性不足、税法位阶较低、税法公正性不足、税收司法独立性较弱等问题；税收治理终极目标不明确，税权监督制衡的"闭环式"机制建设滞后；税权划分缺乏统一稳定的规则；市场经济体制不完善，市场在资源配置中的作用亟待进一步发挥；政治体制改革离理想目标尚有差距，文化体制建设滞后，人际关系矛盾加剧，环境污染较为严重；以及出口贸易摩擦加剧，国际税收营商环境压力增大等问题。

总之，税收营商环境的优化必须具备"挖潜"意识和系统思维的自觉，不能仅满足于改善一些表面性、枝节性的具体要素。从逻辑上讲，税收营商环境优化不是单纯由税务机关和税务人员负责，政府各涉税机关也应承担相应责任。更根本的是，这一优化进程需要国家治理现代化的进一步推动，以及战略性思维的解放与突破。

（原载《深圳特区报》，2018-06-12）

# 14/ 开征房地产税重在迈过"三道坎"

老实说，关于房地产税的话题，已经被讨论得疲惫不堪。尽管历任财政部部长都曾高声呼吁推进房地产税，甚至刚刚卸任的财政部长楼继伟也曾放言"将义无反顾地推进房地产税"，然而，房地产税的开征至今仍然"雷声大，雨点小"。这究竟是为什么？难点到底在哪里？

## 谨防房地产税引发系统性社会风险

从国家治理的角度来看，房地产税之所以如此敏感，或许在于其"牵一发而动全身"的特殊属性。直言不讳地说，如果房地产税的施行不当，可能会引发系统性的社会风险，干扰中国现代化转型的战略进程，甚至破坏国家治理的大局。

房地产税"牵一发而动全身"的特殊性，主要体现在以下几个方面：

第一，房地产税直接关系到地方政府的发展，影响房地产行业与金融业的兴衰，进而波及中国宏观经济的波动，甚至牵动整个社会的稳定与安全。房地产业作为地方经济的支柱，往往是地方政府的主要财政收入来源，同时与金融行业关系紧密。这意味着，地方经济的动荡必然影响到宏观经济。因此，若房地产税的开征措施不当，可能会对中国经济全局造成冲击，特别是在宏观经济已处于下行压力的情况下，任何理性的决策者都必须深思熟虑。毕竟，经济是政治的基础，若经济出现重大问题，将对社会的各个领域产生深远影响。

第二，从房地产税的直接税属性来看，尽管税负相同，但其税痛感通常比间接税更为强烈，容易引发纳税者的"税痛"，进而导致广泛的税收抗议行为。特别是，由于房地产税的课征对象主要是相对富裕的群体，一旦引发抗议，社会示范效应会更为显著，容易引起大范围的社会关注。因此，在矛盾与冲突较为频发的转型时期，房地产税开征的风险更大，作为决策者必须充分考虑这一因素。

第三，从现行的压力型征收与征管模式来看，房地产税的开征可能会放大"聚财式"价值取向的负面效应，进而加剧税收征管的风险。特别是在房地产税的评估与执法等环节，由于需要直接与征税对象接触，发生冲突和摩擦的可能性较大，导致的社会负面效应难以控制，尤其是在自媒体时代，信息传播速度极快。有人甚至担心，房地产税的全面开征可能成为继"拆迁"问题之后，中国社会面临的最大不稳定因素。此外，房地产税开征还可能引发一系列道德风险，如家庭离异等问题，这些也需要引起足够的重视。

### 房地产税开征必须迈过的"三道坎"

目前，全社会必须直面房地产资产分配不公的现实问题，如果不及时进行有效调节，可能会引发系统性的社会风险。这需要理性智慧和特殊胆略的介入。正所谓"两害相权取其轻"，关键在于能否找到税制的根本与枢纽，做到提纲挈领。笔者认为，全面开征房地产税的难点在于如何迈过以下"三道大坎"，即从根本上解决税制的三个核心问题。

首先，房地产税开征的终极目的究竟是什么？从当前列举的开征房地产税的目的和理由来看，主要有三种：

一是调节社会贫富差距。根据国家统计局的数据，2015 年中国的基尼系数为 0.462，学术界的研究结果则普遍较高，基尼系数在 0.5 到 0.6 之间波动，且高收入群体的隐性收入较大。关键在于，中国城镇居民的财富结构中，近 80% 的财富来源于房产。因此，从社会公平治理的角度来看，房地产税作为一个有力的调节工具，在理论上有助于缩小贫富差距，这也符合社会主义核心价值观的要求。然而，问题在于，造成中国贫富差距的根本原因真的是房地产行业本身吗？或者说，是否因为未及时开征房地产税才导致了贫富差距的扩大？如果不是，那么房地产税如何承担起促进社会经济公平的重任？如果房地产税只是影响社会经济公平的一个因素或者说是一个重要因素而已，那么，房地产税也不可能担当起税制公正的重任，更不用说房地产税收入在国家整体财政收入中的比重问题。

二是为房地产市场降温，促进房地产市场回归理性轨道。不可否认，当前中国房地产市场存在较大的泡沫，发展也呈现畸形状态，亟须加强规范和监管。但是，房地产税真能"一征就灵"，肩负起房地产市场健康发展的重任吗？事实上，中国房地产市场高速发展的原因复杂多样，既有城镇化进程加速带来的巨大住房需求，也有房地产企业积极开拓市场的推动力量。但从根本上看，如果没有地方政府强烈的财政需求作为驱动力，缺乏银行和金融机构的积极参与，房地产市场能持续火爆，甚至越来越泡沫化吗？要实现房地产市场的健康发展，就得既要建立"闭环式"政府权力监督制衡机制，也要为"资本"套上"笼头"，必须将"权力"与"资本"同时装进制度的笼子。只有这样，才能确保房地产市场降温，促进其回归理性健康发展道路。当然，房地产税的开征在一定程度上能对市场产生抑制作用，但它的作用是有限的，不能被过度高估。

三是聚财。开征房地产税的目的虽然未必直接明言，但其真正意图却显而易见，即为地方政府开辟新的财源，旨在缓解"土地财政"所带来的种种问题。多年来，地方政府过度依赖"土地财政"，已严重影响国家及地方的财政治理体系，亟须通过税制改革来扭转这一局面。然而，问题在于，若开征房地产税的初衷仅是为了"聚财"，而缺乏足够的道德自信和理直气壮的立场，那么这一举措便缺少了必要的社会共识与支持。

如果房地产税的征收不以提升全社会或每个国民福祉为出发点，或者说，未能以制度化的有效保障机制来支撑，全面征税的实施很可能带来系统性社会风险，甚至成为引发社会不稳定的导火索。

其次，房地产税的征收权力归谁掌握？也就是说，决定征收多少房地产税、税率多少、免征额是多少、在哪些环节开征，以及如何设定减免和优惠等问题，最终由谁来做出决定？现行的民意代表机构能否真正履行其职责，将纳税人对房地产税的意见和诉求传达至最高决策层？此外，当前世界普遍遵循的税收治理原则——"未经同意不得征税"，是否能够在房地产税的征收过程中得到充分体现和应用？

显然，现实中在社会主义初级阶段的中国，税制的民意基础仍然不够稳固和广泛，开征新税种的民意支持也同样薄弱。这一问题，正是中国在转型过程中开征房地产税等新税种时无法回避的挑战，也是中国税制改革亟须解决的核心难题。

最后，房地产税的公正问题。亚当·斯密曾说："与其说仁慈是社会存在的基础，不如说正义是这一基础。虽然没有仁慈之心，社会依然可以存在于一种不太令人愉快的状态，但不义的行为盛行，必然会彻底摧毁它。"房地产税的征收公正问题同样如此。尽管房地产税可能在促进社会公平和缩小贫富差距方面作用有限，但它无疑是税制公正的重要组成部分。

毫无疑问，房地产税的公正问题，不仅涉及纳税人之间权利与义务的平等分配，即"税负"分担问题，还包括征税主体之间、国家与国家之间、代际之间，乃至人与非人类存在物之间的权利与义务平等分配，尤其是征纳税人之间的平等交换问题。具体而言，就是"取之于民，用之于民"，以及"用之于民之所需"的问题。这意味着，征纳税人之间是否能够实现基本权利与义务的完全平等分配，非基本权利与义务是否能够按比例平等分配，尤其是在房地产税收入如何使用、国民是否能有效且公开地监督等问题上，必须提供一个可信的答复，并建立有效的保障机制。

坦率地说，如果房地产税的征收无法在征纳税人之间实现权利与义务的公正平等——基本权利与义务完全平等分配，非基本权利与义务按比例平等分配，那么逻辑上，必须高度警惕可能引发的系统性社会风险。

总之，全面开征房地产税必须认真考虑税制的终极目的、民意基础和公正平等这三个核心问题。这也是房地产税开征的"三道坎"和必要前提。如果能够顺利跨越这三道坎，那么未来中国开征任何新税种，或许就仅仅是一个技术性操作问题。

（原载《华商报》，2012-08-11）

# 15/ 用好减税政策利好增强纳税人获得感

在十三届全国人大二次会议上，李克强总理在向大会提请审议的政府工作报告中提到一个引人注目的数字：全年将减轻企业税收和社保缴费负担近两万亿元。这一举措包括将中国制造业等行业现行 16% 的增值税税率下调至 13%；将交通运输业、建筑业等行业现行 10% 的税率降至 9%；同时保持 6% 一档的税率不变。此外，还将通过增加对生产性和生活性服务业的税收抵扣等配套措施，确保各行业税负只减不增，进一步优化增值税制度。毫无疑问，这些"减税降费"政策不仅是为了应对当前全球经济放缓和宏观经济下行压力等新形势，更是为了支持中国企业的可持续发展，尤其是制造业等行业的企业，帮助它们渡过难关。近两万亿元的减税降费措施，向企业和市场传递了新的信心，也为推进高质量发展注入了新的动力。这将为中国经济开辟更加广阔的发展空间。

那么，如何确保此次"减税降费"的大举措能够真正落到实处，让企业和纳税人切实感受到"获得感"？从逻辑上讲，税务机关及相关机构，特别是制造业等享受"减税降费"政策的企业，必须协同合作，才能确保减税政策的效果能够惠及每一位纳税人，真正共享减税的红利。

## 降低税率是一种总体性减税举措

此次"降低税率"型减税无疑属于总体性减税措施，其积极意义显而易见。在减税这一宏观框架下，政策选择多种多样，既可以选择"降低税率"，也可以选择"降低税收增速"，还可以选择"减轻税收总量"，或者通过调整税种、征税对象和征税环节等方式进行调节。然而，唯有"降低税率"被视为"总体性减税"举措，因为这一政策能够从整体上减轻企业的税费负担，为企业提供更多可支配的资金，进而支持其可持续发展。如果各项减税政策能够相互配合，且能够准确选择重点税种和征税对象，必然会产生积极的减税效应。具体而言，既可以通过减税措施，亦可以通过提升"税收使用"效率，来有效促进全社会经济的增长，并推动生态环境的优化。

此次减税政策重点选择制造业等行业，并将增值税税率从16%降至13%（减税幅度相对较大），既精准瞄准了制造业等亟须扶持的重点行业，也在税种选择上明确聚焦增值税。增值税不仅是影响企业生存与发展的核心税种，也是中国税收体系中的主体税种，税收收入占比高。因此，本次减税政策通过对增值税的调整，聚焦制造业等重点行业，政策目标明确、思路清晰、着力点精准，减税举措的积极效果值得期待。客观上，这对制造业等行业的发展无疑是一次难得的"利好"。

此外，本次总体性减税举措还具有系统性联动的特点，意义同样重大。例如，除了突出制造业等行业外，政策还覆盖了交通运输业、建筑业等其他行业，同时减税与降费并行推进。为进一步支持企业发展，相关配套政策包括将小规模纳税人增值税起征点从月销售额3万元提高至10万元；大幅提高可享受企业所得税优惠的小型微利企业标准；加大所得税优惠力度等。此外，还出台了多项支持小微企业的举措，如降低中小企业宽带平均资费15%；加大对中小银行的定向降准力度等。这些具有系统性联动特点的降税降费政策，若能落实到位，将为制造业等行业的壮大提供有力支持，推动中国经济实现可持续发展。

## 减税的关键是让纳税人拥有"获得感"

总体性减税举措必须真正落到实处，才能让企业切实感受到减税政策带来的"获得感"，进而助力中国经济实现持续健康发展。从减税的利好到企业的"获得感"之间，还存在许多已知或未知的困难需要克服。这不仅需要税务机关等相关部门的共同努力，也离不开企业的积极配合与合作。

税收政策的最终目的是让纳税人感受到实实在在的"获得感"。对此，国家税务总局局长王军已在多次会议中强调和倡导，好的减税政策是纳税人获得感的必要条件。然而，减税政策的落地实施，往往面临来自组织机制、人员执行力、外部环境等方面的挑战。例如，减税政策可能首先遭遇某些单位和利益相关部门的"选择性"执行。这种情况通常源于人性中的自利倾向，个别部门或个人可能通过技术性操作等手段，寻求新的寻租机会，甚至在不知不觉中抵触、延缓或阻碍减税政策的执行。或有些单位表面上执行政策，实际操作上阳奉阴违，虚应故事，导致执行力度不足，最终使得减税效果大打折扣。

其次，由于税务机关等相关部门之间的职责、权力和利益存在差异，这可能为部分部门及利益相关者留下操作空间，从而影响总体性减税举措的顺利落实。如果监督问责机制不健全，减税政策的执行可能会遭到曲解和偏离，最终背离政策的初衷。特别是在当前税权监督机制尚有不完善之处的背景下，我们应更加警惕税权滥用对减税政策正面效果的削弱。

最后，还需防范相关部门对减税政策的"选择性"执行，这种现象可能会降低企业的"获得感",从而影响减税政策的预期效果。

### 创建优良税制是税制改革的理想目标

"减税降费"的现实价值和意义不容忽视。一方面,减税降费意味着企业和纳税人可以获得更多自主支配的资金,从资金使用效率的角度来看,这些资金在纳税人手中能够得到更有效的利用。另一方面,减税也意味着政府税收权力的相对削弱,尤其是在税收权力仍需进一步实现有效制衡的背景下,减税有助于减少税收滥用的机会,抑制税权和预算权的寻租现象。这不仅能有效改善税收治理的公正性,还能实现征税人与纳税人之间权利与义务的平等交换,即基本权利与义务的完全对等,非基本权利与义务的比例对等,从而为税收现代化奠定基础。具体而言,减税在一定程度上有助于实现税收"取之于民,用之于民",特别是能够确保税收更多地用于民众的实际需求,最终实现税收的终极目标——增进全社会以及每个国民的福祉总量。

税收是国民与国家之间就公共产品交换价款、履行契约的活动。没有国民的纳税,就无法为国家提供公共产品和服务。换句话说,只有纳税人缴纳税款,才能为公共产品的生产和供给创造必要的条件。因此,减税有其限度,即必须确保基本公共产品和服务的供给仍然能获得必要的资金支持。因为,减税的逻辑极限是零税收、零税负,而零税负显然不是减税和税制改革的理想或最终目标,甚至与税收的最终目的相悖。

事实上,减税既不是税制改革的根本目标,也不是社会构建税制的终极目的。税制改革的理想目标在于创建一个优良的税制。理想的税制不仅要增强社会的福祉总量,而且要实现法治、平等、公正、民主等基本原则的深度"嵌入"，同时还要体现诚信、便利、节俭等价值。就税收治理的本质而言，税权优化是其根本和核心要素。只有在税权合意性和有效的监督制衡下，才能实现税收的正义——征纳税人之间权利与义务的平等交换。

实施更大力度的减税降费，关键在于如何让企业切身感受到政策的实际效果。政府工作报告中提出："要抓好年初出台的小微企业普惠性减税政策落实""今年务必使企业，特别是小微企业，社保缴费负担得到实质性下降""要切实让市场主体，尤其是小微企业，感受到明显的减税降费效果，坚决兑现对企业和社会的承诺"——这些承诺彰显了政府狠抓政策落实的决心。

当然，减税政策的利好能否真正落到实处，确保纳税人切实获得感，还需要克服一段艰难的路径。这不仅与税务机关减税政策的执行效率密切相关，也与纳税人的配合度和参与度息息相关。但归根结底，关键在于能否尽快建立一个公正、平等、法治的优良税制，进而构建一个能够有效增进全社会和每个国民福祉总量的税制。

（原载《深圳特区报》，2019-03-12）

# 16/ "减税式"财税改革亟待深化

税收在国家治理中具有基础性、支柱性和保障性的重要作用，已成为社会各界的共识。税收不仅决定着国家的兴衰，也关系到民族的存亡。从逻辑上讲，税制改革的进一步深化，是推动国家现代化转型和实现"共同富裕"目标的最佳切入点和突破口。

2022年，全国两会在复杂多变的国际形势下如期召开。李克强总理在政府工作报告中提出，今年政府将对小规模企业增值税实行免税优惠政策，具体为对小微企业100万元至300万元部分的所得税率减半。税务专家研究认为，如果这一政策落实，300万元以下的企业所得税率或将直接降至4.17%。显然，这项优惠政策对小微企业的税负减轻有着积极影响，值得肯定。特别是在政府财政透明度不足、税权尚未完全制度化的社会主义初级阶段，减税政策的现实意义不言而喻。减税不仅意味着纳税人税负的降低，还意味着政府可支配资源的减少，客观上对政府权力形成一种监督和制约。然而，这种减税应当是纳税人整体税负的降低，而非单纯为了保持政府支出刚性不变，甚至是在"有增无减"的情况下实施减税。此外，减税政策不应仅局限于某一特定纳税群体（如小微企业）的税负优惠，而应具有更广泛的普惠性。

从逻辑上讲，减税既不是税制改革的全部，更不是税制改革的根本目标。税收的本质在于如何用好税，即为全体国民提供及时、公正、高效且结构合理的公共产品与服务。税制改革的核心应聚焦于如何高效提供优质的公共产品，尤其是优良的财税制度类公共产品，这才是财税改革的根本所在。进一步说，财税制度由非权力型财税道德和权力型财税法律规范构成。财税道德是指在非权力保障（如舆论和教育的强制力）下，财税主体利益的索取与奉献规范；财税法律则是在财税权力（如暴力与行政强制力）保障下，财税主体利益的规范体系。因此，财税权力与非权力的合法性，以及它们的监督"闭环"效能，决定了财税规则的优劣。它不仅决定了国家与国民之间涉税基本权利与义务交换是否遵循完全平等的原则，还决定了非基本权利与义务交换是否遵循比例平等的原则，从而影响财税制度结构的公正性。因此，要深化"减税式"税制改革，首先必须提升财税权力与非权力的合法性与合意性。关键在于通过有效发挥"全过程民主"功能，优化财税权力结构，扩大其民意基础。这才是税制改革的核心与根本，是财税体制改革的重中之重，是推动改革的关键所在。若以此为切入点，便能事半功倍，产生"四两拨千斤"的效果。其次，必须尽快建立科学高效的"闭环式"财税权力监督机制，即税权与预算权的监督机制。这将有助于实质性遏制财税权力使用中的寻租与腐败现象，根治体制性财税浪费，确保财税制度在国家治理中的基础性、支柱性与保障性作用，促进共同富裕目标的实现，最终增进全社会及每个国民的福祉，推动中国梦的实现。最后，减税政策的优化问题，才是解决税负"谁负"领域、纳税人之间涉税权利与义务交换不公正问题的关键所在。

总之，减税并非财税改革的全部，更不是其根本和关键。真正的核心在于发挥"全过程民主"优势，优化财税权力结构，建立有效的财税权力监督与制衡机制，提供高性价比的公共产品与服务，最终推动财税改革的深化与完善。

（原载《改革内参》，2022-03-18）

# 17/《增值税法》修改应坚持三大价值导向

增值税作为"一个年轻而重要"的税种，起源于二十世纪，最早由法国创立，目前已被 188 个国家和地区采纳，约占全球所有国家和地区的 84%。2022 年，我国增值税收入达到 48717 亿元，占全国税收收入 166614 亿元的三成左右。《中华人民共和国增值税法（草案）》（以下简称《增值税法》）的出台和征求意见，蕴含着推进税收法治现代化的深远意义，值得广泛关注和积极参与。据悉，《增值税法》将于 2023 年 8 月继续审议。笔者认为，针对增值税法的本质及其立法科学原理，修改过程应坚持税收"正当性"的核心价值、税收合法性基本价值的导向，并注重增值税权力优化的根本目标。这样，增值税法将更好地发挥其在国家治理体系中的"基础性、支柱性和保障性"作用，成为应对百年未有之大变局的关键工具。

### 坚持"税收正当性"的核心价值导向

"税收正当性"指的是征纳税行为是否符合正当的性质，它是"税收正当"道德原则或规范的基础。这不仅是税收正当道德规范产生的根源，也是增值税法正当性得以确立的依据。因此，只有通过明确征税目的，才能确立税收行为的正当性，即税收正当道德价值的真理，进而推导出合理的税收正当道德原则或规范。因此，《增值税法》的修改应坚持"税收正当性"的核心价值导向。

第一，税制改革的终极目的是增进全社会和每个国民的总体利益或福祉，应该以此作为评判改革得失的最终标准。不能仅限于聚财收入、宏观经济调控、国民收入调节等具体目的。必须重视并防范这些具体目标与增进社会整体福祉之间可能产生的矛盾和冲突。

第二，修改《增值税法》时，既要坚持符合人性行为心理规律的核心价值导向，因为这一规律直接决定了税法修改的质量和可持续性，也要坚持"征纳两利"的核心价值原则。所谓"征纳两利"原则，不仅是税收正当规则的内在依据，也是税收正当性的基础要求。具体而言，要坚持人道主义和自由的最高道德价值导向。这意味着，我们要"把纳税人当人看"，尊重和理解纳税人的需求，给予他们足够的人道关怀，确保税收制度不危害纳税人基本生存和发展所需的基本权利。同时，我们要"使纳税人成为人"，即通过税收制度助力纳税人的自我价值实现，激发他们的创造力和积极性。在《增值税法》的修改中，如果可以通过最低道德原则——纯粹利己来引导，就不必采取基本道德原则——为己利他；若能以基本道德原则——为己利他为导向，就不应使用最高道德原则——纯粹利他。当然，如果可以通过"增值税道德"来调节征纳税利害关系，就不必依赖法律层面的干预。

第三，增值税法的修改应坚持公正的根本道德价值导向，即将公正道德价值有效地"嵌入"法律规范中。关键在于促进增值税征纳双方在重大利害交换中的平等。具体而言，不仅纳税人之间的权利与义务交换要实现基本权利与义务的完全平等、非基本权利与义务的比例平等，征税人与纳税人之间的权利与义务交换也应遵循同样的原则。核心在于理顺增值税征纳双方的权利与义务关系，确保基本权利与义务交换的完全平等，并实现非基本权利与义务交换的比例平等。换句话说，增值税法应真正"嵌入"

社会根本正义的各项原则，如"贡献原则""德才原则""平等原则""政治平等原则""经济平等原则"和"机会平等原则"。正如罗尔斯所言，"正义是社会制度的首要善，正如真理是思想体系的首要善一样"。此外，增值税法还应坚持诚信、节俭、便利等道德价值导向，并将这些原则有效地融入到税法规范中。

当然，增值税法在技术和实务操作层面的良善化价值也非常重要，不能忽视。然而，从科学和优良税法的核心价值或根本要求来看，其核心价值导向系统的科学性和优良性无疑是最为关键的。这些"大体"原则对增值税法体系的优劣有着深远且决定性的影响。

### 坚持"税收合法性"的基本价值导向

"税收合法性"指的是征税行为是否符合"法"的本质要求。它与"税收合法"有所不同。具体而言，"税收合法"是指符合税法规范，既包括广义上的"国家制定的、调节国家与纳税人之间征税权利与义务关系的法律规范"，也包括狭义上的"由全国人民代表大会及其常务委员会制定和颁布的税收法律"，如宪法、法律、行政法规、地方性法规、自治条例和单行条例等各类税收法律。

《增值税法》修改应坚持"税收合法性"的基本价值导向。它不仅要符合广义的"法律规范"，还应符合狭义的"税收法律"。实际上，坚持"合法性"，特别是"合法律性"，是《增值税法》修改的基本要求。虽然"合法律性"仅是现实中的要求，并非理想的追求，但从根本上讲，"税收合法"意味着符合"税收合法性"，即符合税收开征的终极目标以及税收行为的合理性与效用。

## 坚持增值税权力优化的根本价值导向

《增值税法》应规范增值税征纳双方在重大利害关系中的权利与义务，具体表现为增值税征纳税人之间的原始或衍生契约。这种增值税契约不仅包括法律规范，还包括道德规范。从逻辑上讲，"权利是权力保障下的利益索取，义务是权力保障下的利益奉献"。因此，增值税权力的合法性及其有效监督，成为保证《增值税法（草案）》中权利与义务交换完全平等、非基本权利与义务交换比例平等的必要条件。换句话说，《增值税法》的修改需要依赖"全过程民主"制度优势的全面发挥此外，增强纳税人权利意识是强化增值税权力监督的有效手段。

必须强调的是，随着税收治理进入大数据和智能化时代，即数字经济时代，基于工业革命经济形态构建的增值税制度体系必然面临新的冲击与挑战。由于大数据的"4V"特性被政府优先应用，征税权力得以扩张，极大提升了聚财征税的能力，但同时也对现有纳税人权利体系造成冲击，打破了征纳双方权利与义务的平衡。特别是在制度性权力制衡和监督效果低下或失效的背景下，大数据在税收征管中的滥用和扩张，可能成为一个大概率事件，亟须税收治理体系做出及时有效的应对。此次《增值税法》修改的重点，应放在增值税权力的合法性及其监督有效性两大领域，具体涉及增值税立法、执法和司法三大权力领域。根本而言，这一过程需要全面发挥中国特色社会主义"全过程民主制度"的优势。

（原载《深圳特区报》，2023-07-25）

# 18/ 以"全结构"财税制度创新助力新质生产力发展

　　自习近平同志在 2023 年 9 月黑龙江考察调研期间提出"新质生产力"这一全新概念以来,"新质生产力"已成为各界关注的热点话题。如何促进"新质生产力"的高质量发展,成为研究机构和智库科研人员深入探讨的重要课题。

　　"新质生产力"指的是一种以科技创新为核心的生产力,或是通过"关键性颠覆性技术突破"所创造的生产力,更是与"百年未有之大变局"背景下国家整体发展战略相契合的"新型生产力"。其重点在于强调先进制造业、战略性新兴产业及未来产业发展载体的重要性和紧迫性。换句话说,"新质生产力"的可持续、高质量与低风险发展,关系到未来中国经济的高质量、可持续和低风险增长,具有深远意义。要实现"新质生产力"的可持续发展,就必须在理论、制度规则及其实施过程中,实质性地"嵌入"现代价值观。只有这样,才能广泛动员全社会积极参与"新质生产力"的高质量发展,激发各主体在这一领域创造物质与精神财富的热情与创新精神,推动"新质生产力"的可持续、高质量、低风险发展,进而促进国家长期的兴盛与繁荣。

　　财税在国家治理体系中具有基础性、支柱性、保障性和枢纽性的重要作用。通过新一轮财税改革——尤其是"全结构"财税制度创新和突破——可以促进"新质生产力"的可持续、高质量和低风险发展,从而助力国家长期的兴盛与繁荣。

　　"全结构"财税制度创新意味着以下六点。

第一，要重视财税收支结构及其相互关系的有机统一与创新。通过以财税资金的收支平衡作为新一轮财税改革的主要评价标准，即确保"取之于民"的税费能够"用之于民"，并尽可能"用之于民之所需"。力争通过"全结构"财税制度创新，最大化增进全社会及每个国民的利益和福祉，进一步推动"新质生产力"的发展。

第二，要重视财税道德与财税法规范结构的有机统一与创新。道德优先于法律，财税道德优越，财税法才能得以优良落实。一方面，财税道德与财税法规范结构的创新意味着，能够真正实现"征纳两利"的财税道德原则，将其实质性地"嵌入"财税制度。另一方面，只有在财税道德与法治并重的基础上，才能有效发挥财税权力与非权力力量，对一切重大利害社会行为进行规制，充分发挥财税在国家治理体系中的独特作用。这将有助于实现财税满足人民日益增长的美好生活需要的终极目标，推动"新质生产力"的可持续发展，并促进国家长期的兴盛与繁荣。

第三，要重视财税权力与非权力本质结构的有机统一与共治。财税制度由财税基本权利与义务以及非基本权利与义务构成。在财税基本权利与义务的交换和分配上，越符合完全平等原则；在非基本权利与义务的交换和分配上，越符合比例平等原则，这样的财税制度就越具公正性与优越性，制度结构的基础也越坚实。这样的财税制度将更有利于促进"新质生产力"的高质量发展。

第四，要重视财税内容与形式基本结构的有机统一与创新。这意味着要注重财税价值与财税规范之间的有机统一。具体而言，新一轮财税改革应着眼于财税规范形式的创新优化，始终以真理性财税价值为导向。关键是要明确财税改革的终极目的是为了谁的利益——是为了全体或大多数国民和纳税人的福祉总量的增进，还是仅仅为了少数人的利益。如果改革的目标是前者，将有助于

"新质生产力"的可持续发展和国家的长期兴盛；如果是后者，则可能阻碍"新质生产力"的发展，影响国家的长期繁荣。

第五，要重视财税价值、价值判断与价值规范完备结构的有机统一与创新。仅有真理性财税价值并不足以确保推导出科学优良的财税规范（包括财税道德与财税法）。因此，必须依靠正确的财税价值判断作为中介，以确保三者的有效结合与创新。只有实现财税价值、价值判断与价值规范的有机统一，才能最大限度促进"新质生产力"的可持续与高质量发展。

第六，要重视财税深层价值结构的创新。既要科学认识财税制度创新的终极目的，也要深入理解财税行为规律。只有在这两者的认知上达到一致，才能获得充分的真理性财税价值，进而制定出优良的财税制度规范。这样，财税制度才能充分发挥其在国家治理体系中的独特作用，有效推动"新质生产力"的可持续和高质量发展。

总之，新一轮财税改革必须以"全结构"财税制度创新为指导思想，才能充分发挥财税在国家治理体系中的基础性、支柱性和保障性作用，从而有效促进"新质生产力"的高质量、可持续和低风险发展。这不仅能为全社会和每个国民提供高性价比、结构合理、数量丰裕的优质公共产品和服务，还将为国家经济和社会长远发展提供强大的动力。具体而言，"全结构"财税制度创新首先可以通过提供优质的财富创获类公共产品和服务，推动全社会直接创造财富的活动，如经济与文化产业，实现高质量、可持续发展，并促进"新质生产力"的蓬勃发展。此类创新的核心要义在于将现代文明价值观（如自由人道、平等法治、限度与政治、经济、思想自由）实质性"嵌入"财税理念、制度和流程之中，从而为"新质生产力"提供有力支持，助其实现高质量和可持续增长。另一方面，"全结构"财税制度创新还可以通过提供优质的非财富创获类公共产品和服务，保障社会关系的和谐与健康，预防和化解系统性社会风险，为"新质生产力"的发展提供良好的外部环境。此外，创新还可通过提供那些虽然不直接创造财富，但能够间接推动财富创造的制度性公共产品和服务，例如政治清明、法治德治良善、道德规范优良、生态环境美好等，来间接赋能"新质生产力"，从而为其高质量、可持续发展提供保障，促进国家的长期兴盛与繁荣。

（原载《深圳特区报》，2021-01-30）

# 后 记

感恩上苍眷顾，感谢师友赐福，继拙著《大国税事》《天下税鉴》税收伦理随笔集相继付梓出版后，《税道经纬》随笔集又将面世，至此，笔者的"税论三部曲"也将完美收官。事实上，二十多年来笔者在新老媒体上（主要是《深圳特区报》《华商报》和《腾讯·思享会》《凯迪》等）发表的时评随笔文章，大都在此又一次呈现给新老读者了。

必须说明的是，本次结集过程中，笔者对一些文章做了些修改，想必读者们也能理解。扪心自问，在过往岁月里，自己能说的和该说的"税"话，都基本说过了，本分已尽，有悔而无怨。当然，自从笔者退休进入第二人生后，希望能继续择善固执，制心一处，在著述养生的同时，再奉献一些更重要的文字，不负此生，也不枉红尘走这一趟。

念及一路走来各位师友的鼓励与鞭策，笔者常因无以回报而愧疚。如果没有李炜光先生的倾情推荐，"税论三部曲"便不可能走进九州出版社的视野；如果没有韦森、吴思、刘文瑞、黄钟、刘守刚等先生的推介，就不可能有更多的读者知晓。因此，笔者还是要引用爱因斯坦的名言，再次表达诚挚的感恩、感念与感激之情。爱因斯坦说："人是为别人而生存的——首先是为那样一些人，他们的喜悦和健康关系着我们自己全部的幸福；其次是为许多我们所不认识的人，他们的命运通过同情的纽带同我们密切结合在一起。"① 诚哉斯言！

此刻的三亚，正值春天般的宜人舒适季节，笔者的心情也正如这新老榕树的气根一般，随风摇曳，自由起舞。新著又要奉献社会，接受读者的再次检视，荣幸之至，但得失由天，错谬与遗憾难免，乞请读者们的指正与海涵。

最后，万分感谢我的家人和众亲友一路以来的陪伴和理解，这是笔者几十年来沉潜学问之道、关怀现实社会疼痛、尽量发声作为的底气所在。坦率地说，在这个充满不确定性的"大变局"时代里，唯有家人和师友们的真情关怀与理解，才是笔者安于拥书自雄、学术济世生活方式最切实的庇护所。

唐代诗人皮日休有诗云："犹有报恩方寸在，不知通塞竟何如。"② 笔者也是"报恩方寸在"，但却不知如何报答。或许，笔耕不辍，才是笔者宿命般的图报方式。

此刻美丽的三亚学院校园，三角梅缤纷，凤凰花如火，白鹭溪潺潺低吟，众鸟静默，天涯落笔时，星月朗照乾坤。笔者祝愿所有的师友和亲人们，安康幸福！愿中华民族在现代文明进程中也能不舍昼夜，持续精进。

2024 年 11 月 28 日
于三亚学院公寓

---

① 爱因斯坦 . 爱因斯坦文集 [M]. 许良英，等译 . 北京：商务印书馆，2009.
② 出自皮日休《宏词下第感恩献兵部侍郎》。